W0044576

ECON Ratgeber

Zum Buch:

Die Bach-Blütentherapie, vor mehr als 50 Jahren von dem Waliser Arzt Dr. Edward Bach entwickelt, hat sich längst als eine verläßliche Naturheilmethode ohne Nebenwirkungen bewährt. Sie ist jedoch nicht nur auf den Menschen anwendbar, auch bei Tieren lassen sich viele Erkrankungen und Beschwerden, ja sogar Verhaltensstörungen wie Ängste, Apathie, Futterneid oder Streunen wirksam mit Bach-Blüten kurieren. Anne Lindenberg stellt in diesem umfassenden Ratgeber die einzelnen Heilblüten vor, gibt wichtige Hinweise für die artgerechte und naturgemäße Haltung von Hunden, Katzen, Vögeln und Nagern und erläutert, wie Bachblütenessenzen richtig eingesetzt werden, von der Dosierung bis hin zur Verabreichung. Sie stellt bewährte Blütenkombinationen zur gezielten Behandlung selbst ernster Krankheiten vor und erklärt, wie man Blütenessenzen selbst herstellen und als Notfall- oder Ergänzungstherapie einsetzen kann.

Die Autorin:

Anne Lindenberg ist eine erfahrene Tierpsychologin und Tierheilpraktikerin mit eigener Praxis. Buchveröffentlichungen und TV-Auftritte haben sie einem großen Publikum bekannt gemacht.

Anne Lindenberg

Bach-Blüten-therapie
für Haustiere

Tierkrankheiten sanft und
natürlich heilen

ECON Taschenbuch Verlag

Originalausgabe

© 1989 by ECON Taschenbuch Verlag GmbH, Düsseldorf
September 1988
Umschlagentwurf: Molesch/Niedertubbesing, Bielefeld
Titelfoto: ifa Bildteam
Die Ratschläge in diesem Buch sind von Autor und Verlag sorgfältig
erwogen und geprüft; dennoch kann eine Garantie nicht übernom-
men werden. Eine Haftung des Autors bzw. des Verlags und seiner
Beauftragten für Personen-, Sach- und Vermögensschäden ist ausge-
schlossen.
Satz: Computersatz Bonn GmbH, Bonn
Druck und Bindearbeiten: Ebner Ulm
Printed in Germany
ISBN 3-612-20362-2

Dieses Buch ist dem Andenken an Dr. Bach gewidmet — und der Hoffnung, daß sein Lebenswerk immer mehr Menschen, Tieren und Pflanzen Gesundheit und Lebensfreude ermöglichen wird.

Danksagung:
Mein Dank gilt allen Tieren, die mich begleiten und mir begegnen — und die mich lehren.
Mein Dank gilt Konrad Lorenz und Eberhard Trumler, die durch ihre Werke meine Einstellung zum Tier formten.
Mein Dank gilt meiner Kollegin Gertrud Kerner, die mir den Raum und die Zeit gab, dieses Buch zu schreiben, und ihrer konstruktiven Kritik daran.

Im Innersten dankbar bin ich der Natur, die sanfte, zuverlässige Heilmittel zur Verfügung stellt und als Preis nur ein MITEINANDER erbittet.

Inhaltsverzeichnis

Vorwort

Wenn Sie, liebe Leser, dieses Buch lesen, ist das Erdzeitalter aus dem Zeichen der Fische bereits in das Zeichen des Wassermanns getreten. Das »Neue Zeitalter«, das »New Age« ist Gegenwart.

Das Interesse an Naturheilmethoden ist sehr stark gestiegen und wird noch weiter steigen. Homöopathie, Akupunktur und Heilkräuterkunde sind Bereiche, mit denen auch Ärzte konfrontiert werden.

In absehbarer Zeit werden die Naturheilmethoden zum Allgemeinwissen der Menschen in den westlichen Industrienationen gehören. Die Bach-Blütentherapie ist eine Heilmethode des Wassermannzeitalters. Sie beruht auf der Vorstellung von der Ganzheit jedes Lebewesens, weshalb Körper, Seele und Geist in eine Behandlung mit einbezogen werden.

Die Prinzipien der Bach-Blütentherapie finden ihr Anwendungsgebiet nicht nur in der Harmonisierung und Heilung von Mensch und Tier; auch Pflanzen sprechen hervorragend auf eine Blütenbehandlung an. Auf diesem Gebiet sind noch sehr umfangreiche Erfahrungen und Beobachtungen zu machen, bis die Möglichkeiten der Bach-Blüten im Einsatz für Pflanzen überschaubar sein werden.

Vor einigen Jahren kam ich erstmals mit den Bach-Blüten in Berührung. Diese Therapie faszinierte mich ungeheuer, und nachdem ich damals eine sehr intensive Selbstbehandlung mit den Essenzen durchgeführt hatte, bemerkte ich, daß mein ganzes Wesen sich umschichtete. Ich machte völlig neue Erfahrungen, konnte Zusammenhänge erkennen und entwickelte mich weiter.

Seit geraumer Zeit habe ich vor allem die Wirkung der Blütenessenzen bei der Behandlung von Tieren genutzt. Zunächst habe ich nur Verhaltensstörungen behandelt, später auch körperliche Erkrankungen, die eindeutig seelische Ursachen hatten, wie beispielsweise die Selbstverstümmelungen.

Es kam vor, daß die Therapie nicht die Wirkung hatte, die ich erwartete. In den allermeisten Fällen ergab sich dann aus Gesprächen mit dem Tierbesitzer, daß ein grundsätzliches Bedürfnis des betreffenden Tieres nicht berücksichtigt wurde, also in der Haltung des Tieres etwas falsch gemacht wurde.

Daher nimmt der Punkt der naturgemäßen und artgerechten Haltung der verschiedenen Haustierarten einen so großen Raum in diesem Buch ein, denn die Bach-Blüten können nur *mit dem Leben* wirken.

Einführung

Die Bach-Blütentherapie ist eine Naturheilmethode, die in der Menschenheilkunde bereits eine wichtige Stellung einnimmt. Doch auch in der Tierheilkunde hat sie sich als sanftes, zuverlässiges Heilverfahren bewährt.

Dr. Edward Bach, ein Waliser Arzt, Bakteriologe und Homöopath, entwickelte die Bach-Blütentherapie vor mehr als 50 Jahren. Seine Heilmethode, so war sein Ziel, sollte Allgemeingut der Bevölkerung werden und damit die Menschen in die Lage versetzen, eigenverantwortlich mit Gesundheit und Krankheit umzugehen. Eine solche Heilmethode mußte einfach und absolut ungefährlich anzuwenden sein, aber bei aller Ungefährlichkeit doch zuverlässig wirken.

Dr. Bach war ein hochempfindsamer Mensch. Durch seine lange Praxis als Homöopath war er darin geschult, seine Aufmerksamkeit auch auf kleine und kleinste Merkmale zu richten. So blieb es ihm vorbehalten, die ganz besondere, subtile Heilkraft zu entdecken, die von den Blüten bestimmter Pflanzen ausgeht. So fein und nicht-materiell schien ihm diese Ausstrahlung, daß er nach einem Verfahren suchte, sie in eine für den Menschen nutzbare Form zu bringen, ohne sie so tiefgreifend zu verändern, wie es sonst die homöopathische Aufbereitung, die sogenannte Potenzierung, mit sich bringt. Er kam auf die gleiche Methode, die seit langer Zeit auch in der traditionellen Heilkunst der nordamerikanischen Indianer angewendet wird (s. S. 113).

Dr. Bach entdeckte 38 heilkräftige Blüten, dann erklärte er sein Heilsystem für vollständig. Mit jeder Blüte sammelte er in gründlichen Selbstversuchen umfassende Erfahrungen.

Die Bach-Blüten stammen von einjährigen Kräutern, ausdauernden Stauden, von Sträuchern und von Bäumen.

Dr. Bach betrachtete den Zustand der Gesundheit als ein harmonisches Zusammenspiel von Seele, Körper und Geist. Er war der Überzeugung, daß jede körperliche Krankheit der Ausdruck für eine Störung in diesem fein ausbalancierten Gleichgewicht ist. Daher muß eine Heilung von Störungen, ob sie nun körperlich manifestiert sind oder als Verhaltensstörung auftreten, über die heilsame Beeinflussung des seelisch-geistigen Bereichs erzielt werden können.

Durch diese neue Definition von Krankheit, ist die Möglichkeit gegeben, bei Tieren ganz gezielt auch Verhaltensstörungen heilsam zu beeinflussen. Wenn die Blütenkombination richtig gewählt ist, wird durch die Behandlung eines Tieres immer eine Entwicklung in Richtung Gesundheit und Harmonie in Gang gesetzt. Sind die Bach-Blüten nicht passend ausgewählt, tritt keine Wirkung ein. Aber niemals kann dem so behandelten Tier durch die Verabreichung von Blütenessenzen geschadet werden. Daher ist die Bach-Blütentherapie für Tiere so gut zur Selbstbehandlung durch ihren Besitzer geeignet. Denn er kennt ja die seelische Verfassung seines Tieres am besten.

Welche Möglichkeiten die Bach-Blüten bieten, aber auch, wo ihre Grenzen sind, das soll dieses Buch dem interessierten Tierhalter zeigen.

Die heilenden Blüten

Die Bach-Blüten bilden ein in sich geschlossenes Heilsystem. Es gibt in dieser Therapie keine neuen Blüten und keine, die nicht mehr verwendet werden. Aus diesem Grund kann jeder, der sich mit diesem Heilverfahren beschäftigt, die Blüten nach und nach gut kennenlernen, seine Erfahrungen damit machen und sich darauf verlassen, daß er seine Kenntnisse immer wieder anwenden kann.

Die einzelnen Blüten, die im folgenden vorgestellt werden, können sowohl einzeln als auch in Kombinationen von bis zu 6 Blütenessenzen angewendet werden. Einige Blüten werden besonders häufig benötigt, andere eignen sich sehr gut als Konstitutionsmittel, das heißt, sie sind bei bestimmten Wesensmerkmalen angezeigt, die von Geburt an vorhanden und eindeutig ausgeprägt sind. Wenn solche Merkmale eine Entwicklung in Richtung Krankheit nehmen, dann ist eine langfristige Anwendung der entsprechenden Blüte erforderlich, um ganz allmählich die Entwicklung wieder in Richtung Gesundheit zu lenken.

Die Beschreibung der einzelnen Bach-Blüten zeigt in erster Linie die Anwendungsmöglichkeiten für kranke und verhaltensgestörte Tiere auf. Da die Bach-Blütentherapie als Heilverfahren für den Menschen entwickelt wurde, ergeben sich zwangsläufig in der Beschreibung vermenschlichende Formulierungen.

Agrimony *(Agrimonia eupatoria)*, der kleine Odermennig
Agrimony ist die Blüte der Maske. Hinter einer Fassade von

Unbeschwertheit wird verborgen, wie es innen wirklich aussieht. Tiefgehende Beziehungen werden vermieden, die Oberflächlichkeit kultiviert und Krankheit oder Leiden verheimlicht.

Damit kommt Agrimony für Verkrampfungen und Verstopfungen in Frage, außerdem als ein Konstitutionsmittel für Vögel. Diese können dem Menschen ein Unwohlsein kaum übermitteln, weil ihr Körperbau und ihr Gesicht nur begrenzte Möglichkeiten dafür zulassen. Für kranke Goldhamster ist es gut geeignet, weil sie Einzelgänger und daher in ihrer Gestik sehr ausdrucksarm sind. Angebracht ist es auch für sehr hoch gezüchtete Rassetiere, die sich in ihrem Erscheinungsbild durch Züchtung sehr weit von ihrem ursprünglichen Erscheinungsbild entfernt haben, also zum Beispiel Perserkatzen und Pekinesen. Denn oft zwingen die genetischen Veränderungen solche Tiere, in ihrer Gestik auf den Menschen ganz anders zu wirken, als sie sich wirklich fühlen. Man denke nur an die bedächtige Ruhe, die Perserkatzen ausstrahlen. Wenn ein solches Tier wegen Leibschmerzen »bewegungsunlustig« wird, fällt das kaum auf, bis aus dem Unwohlsein eine Krankheit geworden ist.

Vögel, die im Schwarm gehalten werden, versuchen fast immer, ein Unwohlsein oder eine Wunde vor den Artgenossen zu verbergen, aus Furcht, von ihnen ausgestoßen zu werden. Daher bemerkt auch der Tierhalter solche Beeinträchtigungen oft erst, wenn der Zustand des Vogels nicht mehr erlaubt, daß er sich viel bewegt oder noch frißt.

Aus diesem Grund kann Schwarmvögeln hin und wieder etwas Agrimony ins Trinkwasser gegeben werden. Es stabilisiert die Gesundheit der Tiere und sorgt für ein harmonisches soziales Gefüge.

Aspen *(Populus tremula)*, die Zitterpappel

Aspen ist eine der Blüten gegen Angst. Die »Aspen-Angst« hat keinen ersichtlichen Grund. Die Angst ist da, sie überfällt einen. Wer hat nicht schon von Hunden oder Katzen gehört, die ganz plötzlich vor Angst erstarrten und zitternd mit den Augen etwas Unsichtbares durch den Raum verfolgten? Auch Tiere, denen beim Tierarzt oder im Trimmsalon noch nie etwas Schlimmes geschah, und die sich trotzdem sofort verkrampfen, wenn sie annehmen, daß sie dorthin gebracht werden, benötigen Aspen.

Es dient natürlich auch als Konstitutionsmittel für Tiere, die von Geburt an ein ausgesprochen ängstliches Naturell zeigen, bei denen die Angst zu einem Dauerzustand geworden ist.

Angezeigt ist es auch bei den körperlichen Erkrankungen, die damit in Zusammenhang stehen: Nervosität, Erbrechen beim Autofahren, Durchfall und Blasenschwäche vor Aufregung, nervöse Herz- und Kreislauferkrankungen und Störungen infolge eines Wetterwechsels, die sogenannte Wetterfühligkeit, die auch bei Tieren vorkommt und in seltenen Extremfällen zu Herzversagen oder Kreislaufkollaps führen kann.

Beech *(Fagus sylvatica),* die Rotbuche
Die Essenz der Rotbuchenblüte ist angezeigt bei den sehr selbstbewußten Tieren, die sich durch Intoleranz auszeichnen. Dazu gehört beispielsweise der Hunderüde, der sich zum Rudelführer der Familie aufgeschwungen hat und nicht duldet, daß irgend etwas gegen seinen Willen geschieht, sondern sich pausenlos bemüht, »seine« Menschen endlich zu ordentlichen Hunden zu erziehen, oder der sein Herrchen nicht mehr ins Auto oder Schlafzimmer läßt und sich dabei auch noch völlig im Recht fühlt.

Auch Katzen, die bei der geringsten Veränderung in ihrer Umwelt stubenunrein werden (das sogenannte Protest-Pinkeln), brauchen Beech.

Oft ist es auch bei Dackeln indiziert, die durch Züchtung ein unausgeglichenes Wesen haben (Kläffer, Angstbeißer) und zur Dackellähme neigen − eine erblich bedingte Schwäche des Wirbel-Bandscheiben-Apparats, die zu einem sehr schmerzhaften, meist mit Lähmung verbundenen Bandscheibenvorfall führen kann. Hier hat sich Beech als Zusatztherapie sehr gut bewährt. Es vermindert vor allem die Gefahr eines Rückfalls.

Bei Überempfindlichkeiten und Allergien wirkt sich Beech sehr positiv aus. Das ist nicht verwunderlich, da die allergischen Erkrankungen ja auch auf einer Intoleranz gegenüber Stoffen aus der Umwelt beruhen.

Centaury *(Centaurium umbellatum)*, das Tausendgüldenkraut

Das Tausendgüldenkraut bringt Harmonie für die Gutmütigen, die sich ausnutzen lassen. Durch Überreden oder mit etwas Zwang kann man sie zu Verhaltensweisen bringen, die sie freiwillig nicht gezeigt hätten. Solche Tiere lassen sich auch schnell überfordern, weil sie nicht genügend innere Stärke haben, um sich zu widersetzen. Ein typisches Beispiel dafür sind Tiermütter, die den Nachwuchs noch saugen lassen, wenn er schon längst selbständig fressen sollte, und die sich von ihren Jungen alles gefallen lassen, anstatt sie energisch zu erziehen. Auch die Tiere, die von Kindern herumgeschleppt werden und oft einen hilflosen, überforderten Eindruck machen, können Centaury gebrauchen. Solche Tiere setzen der Umwelt auch nur wenig Widerstandskraft entgegen, sei es gegen Infektionen oder Parasiten. Sie reagieren auch sehr stark auf Fütterungsfehler, da ihnen eine gewisse Stabilität fehlt.

Centaury ist also bei akuten Erkrankungen, in der Erholungszeit nach Krankheiten oder Unfällen und zur Behandlung von Ungeziefer- und Wurmbefall als Zusatzmittel angebracht, ebenso wie als Dauertherapie bei Tieren, auf die die Beschreibung von Centaury paßt.

Cerato *(Plumbago auriculata)*, die Bleiwurz

Bleiwurz, die kindliche Blüte, ist eines der wichtigsten Bach-Mittel für Haustiere, denn die Haustierwerdung bringt ja eine Verlängerung der Kindheitsphase mit sich, oder sogar das Nicht-Erwachsen-werden, die sogenannte Infantilität. Tiere, die Bleiwurz brauchen, sind extrem abhängig von ih-

18

rem menschlichen Betreuer, können nicht allein bleiben, entweder aus Trotz und Eigenwillen oder aber aus echter Angst.

Solche Tiere können oft auch nichts mit ihren Artgenossen anfangen. Solche Fälle sind bei Hunden gut bekannt, die vom Welpenalter an ängstlich von jedem anderen Hund ferngehalten wurden und daher kein Sozialverhalten entwickeln konnten.

Auch bei den Stubenvögeln, speziell bei den Papageiartigen, kommt es bei Einzelhaltung vom Jugendalter an sehr oft zu schweren Verhaltensstörungen. Natürlich möchten auch solche zahmen Vögel ihrem Fortpflanzungstrieb gehorchen. Da sie aber nur den Menschen als Partner wählen können, erleben sie nie die Balz mit einem Artgenossen und fallen schnell wieder in ihre Rolle als Jungtier zurück. Tragisch wird es dann, wenn ein so fehlgeprägter Papagei abgegeben wird und zu Artgenossen kommt. Es dauert meist sehr lange, bis er sich mit den anderen Vögeln anfreunden kann. Ein solcher Problemvogel spricht sehr gut auf Cerato an.

Cerato ist weiterhin angezeigt bei Heimweh und bei jugendlichen Entwicklungsstörungen.

Cherry Plum *(Prunus cerasifera)*, die Kirschpflaume
Die Blüte der Kirschpflaume ist ein ausgesprochenes Anti-Panikmittel. Immer, wenn ein Tier »durchdreht«, in Panik gerät, entfaltet es seine segensreiche Wirkung. Tiere in diesem Zustand sind meist nicht mehr ansprechbar. Daher ist die Eingabe von einigen Tropfen Cherry Plum die erste Maßnahme, bis das Tier sich so weit beruhigt hat, daß es, wenn nötig, behandelt werden kann. Ob ein solcher Zustand seine Ursache in einem plötzlichen Ausbruch von Aggressivität hat, wie wir es von den Zwingerhunden kennen, die als »Kindermörder« Schlagzeilen machen, oder, ob es sich um ein verunglücktes Tier handelt, das kopflos vor Angst ist, oder um einen epileptischen oder anderen schweren Krampfzustand − Cherry Plum sollte zur Hand sein.

Mit gutem Grund ist es einer der 5 Bestandteile der Rescue

19

Remedies, der Notfalltropfen, auf die in einem eigenen Kapitel eingegangen wird.

Chestnut Bud *(Aesculus hippocastanum)*, die Roßkastanie
Da die Knospe der Roßkastanie die Blüte des Wachstums und der Weiterentwicklung ist, wird sie bei immer wiederkehrenden Krankheiten eingesetzt, zum Beispiel bei Epilepsie und Hautpilzen, die anderen Behandlungsmethoden trotzen, und bei Verhaltensstörungen. Auch manche Tiermütter brauchen diese Essenz, wenn sie bei jeder Geburt die gleichen Schwierigkeiten haben oder schon mehrmals ihre Jungen auffraßen, nicht annahmen oder erdrückt haben.
Hunde in der Ausbildung, die bestimmte Punkte des Programms einfach nicht begreifen, sprechen genausogut auf Chestnut Bud an wie Tiere, die einen Mangel an Intelligenz zeigen. Chestnut Bud wirkt also immer im Sinne der Weiterentwicklung der vorhandenen Eigenschaften, Fähigkeiten und Talente in eine positive Richtung.

Chicory *(Cichorium intybus)*, die Wegwarte
So, wie Cerato die Blüte des Kind-Seins ist, stellt Chicory das Gegenstück dar, die Blüte der übertriebenen Fürsorglichkeit. Das problematische Verhalten vieler großer Hunderüden, die einen völlig übersteigerten, unangemessenen Schutztrieb zeigen und damit zu einer großen Belastung, wenn nicht Gefährdung für ihre Umwelt werden, läßt sich durch eine sorgsam und langfristig durchgeführte Therapie mit Chicory sehr oft mildern oder ganz lösen, ohne daß der Hund den ja oft erwünschten Schutztrieb völlig verliert. Das Gemüt wird einfach in ein gesundes und harmonisches Gleichgewicht gebracht.
Bei der Wundbehandlung spielt Chicory insofern eine Rolle, als es das verwundete Tier beruhigt und ihm Vertrauen zum Behandelnden einflößt und dafür sorgt, daß es nicht unter dem Trieb leidet, alle Verbände abreißen zu müssen oder offenbleibende Verletzungen bis zur Entzündung zu belecken.

Clematis *(Clematis vitalba)*, die weiße Waldrebe
Der Wirkungskreis der weißen Waldrebe umfaßt eine grundsätzliche Interessenlosigkeit am Leben. Tiere, die träge sind,
viel schlafen, die sich so unauffällig verhalten, daß sie sogar
vergessen werden und Tiere, die durch lange Gefangenschaft
apathisch geworden sind − sie alle brauchen Clematis. Es ist
auch angezeigt bei Ohnmachten und zur Revitalisierung früh
gealterter Tiere mit Gedächtnisstörungen.
Clematis wirkt also dahingehend, daß die nachlassende Lebenskraft wieder fest im Körper verankert wird, egal, ob es
sich um ein akutes Geschehen, wie einen Schock nach Unfall, oder einen chronischen Prozeß, wie Senilität, handelt.
Deswegen ist Clematis auch Bestandteil der Notfalltropfen.
Bei schweren Erkrankungen ist es hilfreich als Zusatzmittel.
Bei Erkrankungen, die eigentlich nicht sehr schwer sind, die
aber nicht ausheilen wollen, sondern sich mal verschlimmern, dann wieder leicht bessern, kann es die endgültige
Ausheilung in Gang setzen.

Crab Apple *(Malus pumila, M. sylvestris)*, der Holzapfel
Die Blüte des wilden Apfelbaums symbolisiert die Reinheit
von Körper und Seele. Sie hilft also bei körperlichen Erkrankungen, weil sie den Organismus befähigt, Gifte auszuschei-
den und starke Widerstandskräfte aufzubauen. Daher ist sie
auch bei Infektionsgefahr vorbeugend zu verabreichen. Crab
Apple gehört auch als Grundmittel in die Blütenkombinationen gegen Allergien. Bei permanent unsauberen Katzen ist
Crab Apple einen Versuch wert.
Waschungen mit Crab Apple gegen Flöhe, Läuse und
Herbstgrasmilben, kombiniert mit einer innerlichen Behandlung, sind ebenso erfolgversprechend wie Crab Apple als
Futterzusatz bei Wurmbefall oder Verdacht darauf.
Weiterhin ist der Holzapfel angezeigt als zusätzliches Mittel
bei Hautpilzen, Räude, Zahnstein und chronischen Ekze-
men. Hier muß allerdings mit einer langfristigen Anwendung
gerechnet werden, bis sich eine Wirkung zeigt, da Crab
Apple nur ganz allmählich eine tiefgreifende Umstimmung

des gesamten Stoffwechsels herbeiführt. Dafür ist eine solche Heilung dann auch von endgültiger Natur.

Elm *(Ulmus procera)*, die Ulme
Die Ulme steht für die Prinzipien der hohen Leistungsfähigkeit, Kraft und Gesundheit, nicht zuletzt auch für die Freude am Leben und an sinnvollen Aktivitäten.
Tiere, die ein aktives Leben führen und bestimmten Aufgaben nachkommen oder die einen sehr starken Beschäftigungsdrang haben, wie die nachts unermüdlichen Hamster, brauchen Elm, wenn sie plötzlich erkranken, apathisch werden oder infolge eines Unfalls zur Ruhe gezwungen sind, um die Stimmung zu stabilisieren und die Tiere an der Selbstaufgabe zu hindern. Die Genesung wird zügig vorangehen und die Lebensfreude rasch wieder die Oberhand gewinnen.
Auch Tieren, die nach einem Besitzerwechsel ein viel aktiveres Leben führen sollen, sich aber schwer tun, die neuen Umstände zu akzeptieren oder die nötige körperliche Leistung zu erbringen, hilft Elm sehr schnell.
Elm wird daher auch zur Vorbereitung von Geburten benutzt, da die Wehentätigkeit dann gleichmäßig verläuft, das Muttertier gut bei Kräften bleibt und nicht über Gebühr angestrengt wird. Auch die neugeborenen Jungtiere sind dann in einer sehr guten und kräftigen Verfassung.

Gentian *(Gentiana amarella)*, der Herbstenzian
Gentian stärkt die Zuversicht und die Ausdauer. Gerade die sensiblen, sehr intelligenten Tiere lassen sich häufig von einer schlechten Erfahrung so stark beeindrucken, daß sie übertrieben auf ähnliche Situationen reagieren. Sie trauen sich einfach nicht zu, einen Tierarztbesuch oder etwas Ähnliches noch einmal durchzumachen und sträuben sich heftig. Der Herbstenzian vermittelt Gelassenheit und Vertrauen, so daß die Gemütslage solcher Tiere mit seiner Hilfe ausgeglichen wird.
Gentian stärkt auch die körperliche Ausdauer, was z. B. bei gebärenden Tiermüttern wichtig ist.

Bevor Zwangsmaßnahmen getroffen werden – etwa Zahn-steinentfernung, Krallenpflege und Scheren – sollte Gentian eingegeben werden, gerade bei den Tieren, die ein eher empfindliches, nachtragendes Naturell haben.

Gorse *(Ulex europaeus),* der Stechginster
Vom Stechginster kommt die Blütenessenz gegen das Gefühl der Niederlage nach hartem Kampf.
Wenn ein Tier, das schwer erkrankt ist, den Eindruck macht, sich endgültig aufzugeben, sich zum Sterben zurück-zuziehen, Futter- und Wasseraufnahme einstellt, nicht mehr auf guten Zuspruch reagiert, dann kann Gorse oft noch helfen, ein Umschwenken in Richtung Genesung zu bewirken.
Werden die anderen Essenzen oft bereitwillig, manchmal so-gar begierig eingenommen, muß Gorse oft mit sanftem Zwang eingegeben werden, denn solche Tiere machen den Eindruck, als wollten sie sterben und sich nicht mehr davon abbringen lassen. Ist der Kampf schon entschieden und der Tod des Tieres mit Gewißheit abzusehen, ermöglicht Gorse ein sanftes Sterben.

Heather *(Calluna vulgaris),* das Heidekraut
Die kleinen Blüten des Heidekrauts symbolisieren die Bezie-hungsfähigkeit eines Lebewesens zu den anderen Wesen in seiner Umwelt. Eine unharmonische Heather-Persönlichkeit fällt dadurch auf, daß sie zwanghaft davon abhängig ist, von den anderen wahrgenommen zu werden. Ein solcher Hund, eine solche Katze werden immer versuchen, im Mittelpunkt der Aufmerksamkeit zu stehen.
Diese Tiere können sehr aufdringlich werden. Sie versuchen beispielsweise mit Bellen oder Jaulen zu bewirken, daß sich alles um sie dreht. Solange sie gestreichelt werden oder in-tensive Beschäftigung erhalten, sind sie zufrieden und ganz bei der Sache. Sobald aber der Besitzer sich abwendet, fallen ihnen alle möglichen Verhaltensweisen ein, um wieder wich-tig zu werden. Sie empfinden es immer noch besser, bestraft

oder ausgeschimpft als gar nicht beachtet zu werden. Und da die »Heather-Tiere« im allgemeinen überdurchschnittlich intelligent sind, finden sie meist sehr schnell heraus, welche Methoden die wirksamsten sind, um im Mittelpunkt zu bleiben.

Eine kleine Verletzung, ein leichtes Unwohlsein, das nach wenigen Tagen ausgeheilt ist, dient solchen Tieren natürlich dazu, die erfahrene Fürsorge so lange wie möglich auszudehnen. Wenn sie etwas tun oder lassen sollen, dann treten die Symptome wieder ganz stark auf. Aber nicht nur bei den sogenannten psychosomatischen Beschwerden reagieren diese gut Tiere auf eine Behandlung mit Heather, sondern auch bei Herzbeschwerden und vorzeitiger Alterung, denn solche Tiere stehen ja unter sehr starkem Dauerstreß.

Übrigens sind Heather-Typen, wenn sie gesund und harmonisch geartet sind, äußerst entzückende Haustiere, die mit ihrer putzigen, lebhaften Art und ihren schauspielerischen Talenten und ihrer raschen Lernfähigkeit und Auffassungsgabe immer für Freude und Abenteuer im Familienkreis sorgen.

Denn in jedem Zustand, der für eine bestimmte Bach-Blüte charakteristisch ist, ist nicht nur die negative, Krankheiten verursachende Variante enthalten, sondern auch eine positive, Vitalität, Lebensfreude und Gesundheit ausstrahlende Seite, die durch die Behandlung mit eben dieser Bach-Blüte die Möglichkeit erhält, sich zu entfalten und zum Tragen zu kommen.

Holly *(Ilex aquifolium)*, die Stechpalme
Die Stechpalme symbolisiert schon in ihrem Wuchs sehr schön ihr Anwendungsgebiet: So wie die dunkelgrünen, derben Blätter an ihren Rändern von unfreundlichen Stacheln gesäumt sind, so reagiert auch ein Holly-Tier auf seine Umwelt, wenn ihm etwas nicht paßt oder auch ohne Anlaß: mit Wut, Aggression, Bosheit, Angriff. Es fährt also sofort die Stacheln aus. Angeborene Bösartigkeit bei Hunden (die aber

extrem selten ist) reagiert ebensogut auf Holly wie die Aggressionen, die sich durch schlechte Erfahrungen entwickelt haben. Einen Versuch wert ist die Behandlung mit Holly sogar bei der Cocker-Wut, die manchmal bei roten, sehr selten bei schwarzen Cockerspanieln auftritt und deren Ursache noch nicht endgültig geklärt ist.

Die Schulmedizin behilft sich mit Ruhigstellen oder dem Verordnen von Mitteln gegen epileptische Anfälle. Beide Methoden sind nicht zuverlässig wirksam, und meist enden die befallenden Hunde schon in jungen Jahren durch Einschläfern, weil sie für die Umwelt nicht mehr tragbar sind. Eine solche Therapie muß natürlich lange und sehr sorgfältig durchgeführt werden, bis Ergebnisse zu erwarten sind.

Leben mehrere Artgenossen in einer Familie, zwischen denen es immer wieder »kracht«, so kann auch hier Holly segensreich wirken.

Die Krankheiten, die auf Holly sehr gut reagieren, sind durch ihre Heftigkeit gekennzeichnet: hochakute, sehr schwere Allergieschübe, zum Beispiel Nesselsucht; Asthmaanfälle, plötzliches hohes Fieber, sehr starke Schmerzen und sehr heftige Entzündungen.

Honeysuckle *(Lonicera caprifolium),* das Geißblatt
Auch die süßduftende Blüte des Geißblatts steht für die Entwicklung, den Fortschritt, das Wachstum, die Reifung. Honeysuckle ist für Tiere, die aus dem Gleichgewicht geraten sind, sich nicht mit der Gegenwart abfinden können, mit den Veränderungen, die das Leben nun einmal mit sich bringt, und die über einen Verlust oder eine Umstellung der Verhältnisse gar nicht hinwegkommen. Auch eine Tiermutter, deren selbständig gewordener Nachwuchs weggegeben wurde, und die nicht aufhört, nach ihren Kindern zu suchen, sie zu locken, und die ganz und gar unglücklich ist, braucht Honeysuckle.

Es wirkt auch revitalisierend und belebend bei alten Tieren. Es holt sie wieder in die Gegenwart zurück und gibt ihnen Lebensfreude – bis ihre Zeit wirklich abgelaufen ist.

So dient Honeysuckle auch nach schweren Krankheiten dazu, den Organismus in der wieder neuerworbenen Gesundheit zu festigen und Rückfälle zu verhüten.

Hornbeam *(Carpinus betulus)*, die Hainbuche
Die Blüte der Hainbuche ist angezeigt, wenn ein Tier nicht seinen Ansprüchen entsprechend leben kann und es deshalb keinen Antrieb verspürt, sich mit diesem neuen Tag auseinanderzusetzen. Ohne daß es direkt gequält würde, hat es doch das Gefühl, einerseits seine Fähigkeiten nicht genügend ausleben zu können und andererseits von den tatsächlichen Anforderungen überfordert zu sein.
Eine solche Unlust kann sich bis zur Apathie steigern. Meist sind solche Tiere jedoch gutwillig und versuchen, sich anzupassen und den Willen ihrer Besitzer zu erfüllen.
Bevor allerdings eine Behandlung mit Hornbeam durchgeführt wird, sollte der Tierhalter prüfen, ob es nicht andere Möglichkeiten für sein Tier gibt. Bei Rudeltieren, die aber einzeln gehalten werden und vielleicht auch noch viel allein sein müssen, wäre zu überlegen, ob nicht ein zweiter Artgenosse die Lebensfreude und Entfaltung des Tieres fördert.
Bei Zwingerhunden sollte der Besitzer überlegen, warum er seinen Hund in Einzelhaft hält: Ist es nur Tradition, vielleicht, weil die Eltern es auch schon so handhaben, oder ist es die Angst vor Schmutz, Nässe und Gestank, welche ein Hund angeblich zwangsläufig ins Haus bringt? Nach einem Versuch mit dem Tier im Haus wird ein solcher Hundehalter wahrscheinlich feststellen, daß sein Hund glücklich, heiter, ausgeglichen und sehr bestrebt ist, es seinen Menschen in allem rechtzumachen, einfach, weil er den Kontakt zu einer Familie braucht.
In der Ausbildung von Jagdhunden kann Hornbeam notwendig werden, weil diese oft gegen ihre Instinkte handeln müssen. Sie müssen beispielsweise ein geschossenes Tier apportieren, dürfen es aber anschließend nicht, wie es für sie natürlich wäre, auffressen.
Krankheiten, die morgens am schlimmsten sind und sich im

Lauf des Tages bessern, reagieren gut auf eine Kombination, in der auch Hornbeam enthalten ist.

Impatiens (*Impatiens glandulifera*), das Springkraut
Tiere, die vom Typus her zur Blüte des Springkrauts passen, sind ein schönes Beispiel dafür, daß ein bestimmtes Wesen oder Temperament sowohl einen positiven als auch einen negativen Ausdruck bekommen kann: Tiere in einem positiven Impatiens-Zustand sind schnell; sie haben eine sehr rasche Auffassungsgabe und fühlen sich zutiefst glücklich, wenn sie sich bewegen, toben, rennen, springen können. Sie sind ganz eifrig, wenn sie eine Aufgabe bekommen oder etwas lernen dürfen. Vorausgesetzt, man kann einem solchen Tier genug Beschäftigung und Aufmerksamkeit geben, ist es ein idealer Hausgenosse.
Wenn aber ein so geartetes Tier unter nicht angemessenen Umständen leben muß, kann sein Temperament umschlagen. Es ist dann buchstäblich in seiner Ungeduld und Nervosität kaum zu ertragen. Es kann sich nicht konzentrieren, auch nicht aufs Fressen, und magert oft ab. Es ist unzufrieden und ruhelos. Solche Tiere produzieren auch die dementsprechenden Krankheitssymptome: Juckreiz bis zum Ekzem, Magenschleimhautentzündung, Durchfall, Futterunverträglichkeit bis zu Nahrungsmittelallergien, Krämpfen in Gliedmaßen oder den Eingeweiden bis zur Kolik.
Impatiens trägt dazu bei, daß die hochschlagenden Wellen geglättet werden und Entspannung möglich wird. Durch eine Langzeitbehandlung kann ein solch überspanntes oder nervös-krankes Tier wieder ausgeglichen werden – zwar fröhlich und lebhaft, aber ohne die fieberhafte Hast, die es für Krankheiten so anfällig macht und eine schwere Belastung für den Besitzer werden kann.

Larch *(Larix decidua),* die Lärche
Die Lärchenblüte hat einen wohltuenden Einfluß auf Tiere, die kein Selbstvertrauen haben. Sie ordnen sich gern unter und haben einen ausgeprägten Mangel an Eigeninitiative.

Sie kleben an ihrem Besitzer, nicht aus Anhänglichkeit, sondern, weil es ihnen an Mut mangelt, allein etwas zu unternehmen. Sie nehmen Anregungen und Befehle dankbar auf, sind aber unfähig, Gelerntes in neuen Situationen – etwas abgeändert – anzuwenden. Häufig sind es Katzen, die jedes andere Futter als das gewohnte verweigern, die sich einfach nicht an das neue Futter herantrauen und es meiden. Nicht aus Trotz oder Protest, sondern sie sind einfach nicht flexibel genug, einen neuen Geschmack überhaupt zu testen.

Es gibt auch Hunde, die durch eine geringfügige Veränderung des Tagesablaufs sichtlich verwirrt und verstört sind. Sie haben Angst vor der Anforderung, sich an neue Situationen oder Menschen zu gewöhnen. Auch Tiere, die sich schnell von Artgenossen einschüchtern lassen und fremde Tiere lieber gar nicht erst kennenlernen möchten, können Larch gut gebrauchen.

Es wird vorteilhaft auch bei Krankheiten eingesetzt, bei denen man den Eindruck gewinnt, daß das Tier ihnen gar keinen Widerstand entgegensetzt, sondern sich klaglos damit abfindet. Larch sollte auch während der Genesungszeit gegeben werden, damit sich keine Symptome festsetzen können, wie z. B. ein chronischer Husten nach einer Erkältung.

Mimulus (*Mimulus guttatus*), die gefleckte Gaucklerblume
Mimulus ist eine der Blüten gegen Angst. Im Gegensatz zur »Aspen-Angst« konzentriert sie sich aber auf ganz konkrete Dinge oder Situationen. Ein Tier, daß vor einem Gegenstand panische Furcht empfindet, kann man vor dem Anblick dieses Gegenstands schützen. Da eine solche Gemütslage sich aber nur auf einen Gegenstand konzentriert und ihn benutzt, um ganz grundsätzliche Ängste auszudrücken, tendieren solche Tiere dazu, die Angst allmählich auch auf andere Dinge auszuweiten. Daher sollte etwas gegen diese Angst getan werden, denn vor allen Situationen und Gegenständen kann ein Tier einfach nicht geschützt werden.

Ein Beispiel mag verdeutlichen, wie ein Mimulus-Tier seine Grundangst auf etwas Bestimmtes konzentriert:

Ein Zwergschnauzer mit sehr ängstlichem Naturell konnte sich nicht damit abfinden, daß ein Untermieter ins Haus zog. Er hörte ihn schon von weitem kommen, verschwand in eine Ecke und knurrte und kläffte dort vor sich hin. Jeder Versuch des Mannes, mit dem Hund Kontakt aufzunehmen, scheiterte. Der Hund steigerte sich immer weiter in die Angst hinein und verbrachte schließlich fast den ganzen Tag damit, auf den Untermieter zu warten — unter Hochspannung — oder aber knurrend unter der Sitzbank zu liegen, wenn der Mann im Haus war. Zur gleichen Zeit ging ein junger Mann, der mit einer der Töchter befreundet war, im Haus ein und aus. Der Hund verhielt sich ihm gegenüber recht neutral. Als dann der Untermieter auszog und einige Monate darauf der junge Mann einzog — erkor der Hund sich diesen zum neuen »Lieblingsfeind«. Die Angst bezog sich also gar nicht auf diese oder jene Person, sondern war einfach Ausdruck einer ganz grundsätzlichen Furcht.

Die Krankheiten, die ein solches Tier bekommt, entsprechen dieser grundsätzlichen Lebensangst: Nervosität und Unruhe, vor allem bei Alleinsein, Panikzuständen in abgeschlossenen, kleinen Räumlichkeiten (Claustrophobie), Schilddrüsenüberfunktion und Herzrhythmus- bzw. Herzstörungen.

Mustard *(Sinapsis arvensis)*, der wilde Senf
Mustard ist die Blüte, die eine starke Beziehung zu depressiven Zuständen hat. Tiere, die regelmäßig, oft ohne erkennbaren Grund, in eine ganz düstere Stimmung geraten, sich verkriechen, nichts mehr von ihrer Umwelt wissen wollen, reagieren sehr gut auf Mustard. Auch rupfende Papageien können es gebrauchen. Krankheiten, die ganz plötzlich kommen, aber kaum Reaktionen im Körper hervorrufen, wie es zum Beispiel Fieber bei einer Infektion wäre, weisen auf Mustard hin. Die besonders tragischen Fälle, in denen ein Tier das Fressen einstellt, sich nicht mehr bewegt und kurze Zeit darauf stirbt, könnten oft noch zum Besseren gewendet werden, wenn rechtzeitig eine intensive Behandlung mit der Blüte des wilden Senfs durchgeführt würde.

Oak *(Quercus robur)*, die Eiche

Jeder Tierfreund, der sich einen Hund zulegen möchte, der für eine bestimmte Arbeit gezüchtet wurde, sollte sich darüber im klaren sein, was unter Umständen auf ihn zukommen kann: Als Beispiel seien hier die Schlittenhunde angeführt, die seit Hunderten von Jahren speziell für eine sehr schwere Arbeit unter harten klimatischen Verhältnissen gezüchtet werden. In solchen Hunden wohnt auch heute noch, selbst wenn sie schon seit einigen Generationen »nur« als Familienhunde gehalten werden, ein eiserner Wille, ein starker Trieb, Aufgaben zu bekommen und zu arbeiten. Für solche Hunde ist es ein sehr hartes Los, ohne Beschäftigung zu sein, und oft suchen sie sich dann selbst eine Arbeit, weil sie die Langeweile einfach nicht ertragen können. Selbst wenn sie nur den Garten von einer Ecke zur anderen gründlich umgraben, und dann wieder von vorn anfangen, ist das für Sie noch immer besser, als nur herumzuliegen.

Solche Hunde sind ein typisches Beispiel für den Oak-Charakter. Sie sind nur glücklich, wenn sie ganz von einer Tätigkeit ausgefüllt sind. Manche Papageien nagen den lieben langen Tag einen dicken Ast nach dem anderen durch und geraten ganz aus dem Gleichgewicht, wenn man ihnen die Möglichkeit entzieht, sich zu beschäftigen. Auch Hamster haben oft ein solches Naturell: Das Wichtigste in ihrem Leben ist die Arbeit. Gerät so ein Tier aus dem gesunden Gleichgewicht, dann kann man fast den Eindruck gewinnen, daß es besessen von seiner Beschäftigung ist. Nichts anderes findet mehr Platz in seinem Leben, Futter und Wasser werden vergessen. Katzen, die nicht unfruchtbar gemacht wurden, steuern recht häufig mit der Zeit in eine Dauerrolligkeit hinein: Sie sind nur noch von dem Willen nach einem Kater besessen, werden unsauber, schreien fast ohne Pause und machen einen regelrecht hysterischen Eindruck.

Oak als Basistherapie kann aus solchen Tieren wieder ausgeglichene Hausgenossen machen: Die Eifrigkeit und Arbeitsfreude bleiben zwar erhalten, aber die Tiere sind wieder fähig, sich zu entspannen, nach dem Fressen in Ruhe zu verdauen und auch einmal eine Zeitlang zu faulenzen, wenn es wirklich einmal nichts zu tun gibt.

Typische Krankheiten für solche Tiere sind Verspannungen und nachlassende Elastizität. Die Tiere werden vorzeitig steif und bewegungsunlustig. Allerlei krankhafte Veränderungen am Skelett treten auf, ebenso Durchblutungsstörungen.

Eine Dauerbehandlung mit Oak kann ein alterndes Tier wieder beweglich und lebenslustiger machen, und ihm vor allem die Verbissenheit, mit der alle Handlungen durchgeführt werden, nehmen.

Olive *(Olea europaea),* der Olivenbaum
Die Essenz aus der Olivenblüte ist ein Mittel, das einem überanstrengten Organismus wieder Kraft und Energie zuführt. Ob es also chronische, schon lang bestehende und kräftezehrende Krankheiten sind, oder eine permanente körperliche Überanstrengung, die zum Zusammenbruch geführt hat − die Olivenblüte hilft, zu gesunden, sich zu erholen und wieder am Leben teilnehmen zu können − und zu wollen.

Aber auch Tiere, die von Geburt an eher zart sind, nicht gut Belastungen vertragen, auch wenn diese nur gering sind, die sich schnell erkälten, die jede Infektion durchmachen, denen es also von vornherein an Robustheit mangelt, können von einer Basistherapie mit Olive profitieren.

Pine *(Pinus sylvestris),* die Kiefer
Auch die Essenz aus der Blüte der Kiefer ist ein Mittel für ängstliche, schüchterne und sensible Tiere. Ihnen mangelt es an Selbstbewußtsein. Sie neigen dazu, sich unterzuordnen und zu ergeben, auch wenn ein Artgenosse sich nur aus Neugierde nähert, um zu schauen, ob der andere vielleicht zu einem Spielchen aufgelegt ist.

Wenn der Besitzer die Stimme hebt − auch wenn er jemand anderen anspricht − fühlt sich so ein Tier gleich beschimpft oder bedroht und verkriecht sich.

Ein solcher Charakter kann sich auch formen, wenn ein ursprünglich recht ausgeglichener Hund durch unglückliche Zufälle mehrere negative Erfahrungen machen muß, zum Beispiel ungerecht behandelt wird. Da diese Einschüchterung mit der Zeit immer schlimmer werden kann, auch wenn die Besitzer mit viel Liebe versuchen, dem Tier wieder Selbstvertrauen einzuflößen, sollte hier an eine Basistherapie mit Pine gedacht werden. Die schlimmen Erinnerungen und Verhaltensweisen, die sich daraufhin verfestigt hatten, werden sanft, aber gründlich aufgelöst.

Da Tierhalter oft mit dem Fortpflanzungsverhalten ihrer Haustiere nicht zurechtkommen und nur damit umgehen können, indem sie es ignorieren oder unterbinden, sind auch sehr häufig Tiere auf sexuellem Gebiet frustriert. Wenn sich also hier krankhafte Veränderungen zeigen, ist Pine angebracht. Auch Hunde und Katzen, die wegen ihrer unzuverlässigen Stubenreinheit Schwierigkeiten machen, können mit gutem Erfolg mit Pine behandelt werden.

Red Chestnut *(Aesculus × carnea),* die rote Kastanie
Der Anwendungsbereich der roten Kastanienblüte ist in der Humanheilkunde sehr breit. Bei der Behandlung von Tieren kommt diese Essenz jedoch nur in einigen recht speziellen Fällen in Betracht. Das liegt daran, daß Tiere im allgemeinen vernünftiger als Menschen sind, was das Thema »Sorgen um andere« betrifft. Eine Tiermutter mag eine Phase durchmachen, in der sie um das Wohlergehen ihrer Sprößlinge übermäßig besorgt ist, sie nicht aus den Augen lassen mag und sie vor jedem kleinsten Risiko schützen möchte. Auch Wachhunde, die ihre Aufgaben sehr ernst nehmen, tun vielleicht des Guten zuviel, und gerade von den Neufundländern gibt es ja viele Geschichten, in denen ein solcher »Lebensretter« nicht nur Kinder wieder an Land gebracht hat, wenn sie drohten, in den Fluten unterzugehen, sondern auch solche Schwänke, in denen Neufundländer prinzipiell nichts im Wasser duldeten und alles herausbrachten, was sie dort vorfanden, egal ob Schwimmer, Boote oder treibende Baumstämme.

Diese übertriebene Fürsorglichkeit, die als Ursache ja eine tiefe Angst um das Leben und ein Zuständigkeitsgefühl für alle Lebewesen ringsherum ist − sie ist der Zustand, der gut auf Red Chestnut anspricht.

Die Krankheiten, für die es angezeigt ist, sind Unruhezustände, Schlaflosigkeit und alle Folgezustände von zuviel Streß, denn solche Tiere stellen sich ja selbst unter eine enorme Belastung.

Hat eine Tiermutter ihre Jungen erfolgreich aufgezogen und ist nun sehr mager und auch nervlich recht angestrengt, wird Red Chestnut dabei helfen, sie schnell wieder in die gewohnte Form zu bringen.

Rock Rose *(Helianthemum nummularium)*, das gelbe Sonnenröschen

Die Blüte des Sonnenröschens ist ein Bach-Mittel, welches glücklicherweise nicht allzu häufig benötigt wird − aber es sollte zur Hand sein, denn es ist das »Panik-Mittel«. Situationen, die wirklich gefährlich sind, in denen ein Tier in Kopflosigkeit auszubrechen droht; wenn nur noch Entsetzen herrscht − dann sollte Rock Rose verabreicht werden, denn es verhindert, daß sich die Panik noch weiter steigert und macht beispielsweise ein Tier, das einem Unfall zum Opfer gefallen ist, überhaupt erst behandelbar, vor allem, wenn durch Zwangsmaßnahmen wie Festhalten oder Festbinden der Schock noch unnötig verschlimmert würde.

Auch die körperlichen Schocksymptome, wie Bewußtlosigkeit, Unterkühlung, eventuell schon lebensgefährlicher Blutverlust, werden von Rock Rose gemildert und am Fortschreiten gehindert. Daher ist die Eingabe von Rock Rose eine Sofortmaßnahme, die noch am Unfallort erfolgt und oft hilft, das gefährdete Leben bis zum Eintreffen tierärztlicher Hilfe zu bewahren.

Aus diesem Grund ist es auch Bestandteil der Rescue Remedies. Auch Schockzustände, die nicht einen Unfall als Ursache haben, reagieren sehr gut auf Rock Rose: Z. B. der gefährliche allergische Schock, heftige Magen-Darm-Störungen, bei denen durch Erbrechen und Durchfall die Gefahr der Austrocknung besteht, der diabetische Schock mit Ohnmacht und der Zusammenbruch nach körperlicher Überanstrengung. Dazu gehört auch der hochakute Hitzschlag mit Taumeln und Bewußtlosigkeit.

Rock Water, Wasser aus einer Felsenquelle
Dieses Bach-Mittel wird als einziges nicht aus der Blüte einer Pflanze gewonnen. Dr. Bach entdeckte in der Gegend, in der er lebte, eine klare kleine Quelle, die dort aus den Tiefen der Felsen entspringt. Dieses Wasser wird genauso zubereitet wie die anderen Mittel und hat auch einen ganz speziellen Anwendungsbereich.

Tiere, die ihre Pflichten so ernst nehmen, daß sie gar nicht davon abgehalten werden können, sie zu erfüllen, auch wenn es für einige Tage nicht nötig ist oder wenn sie wirklich krank oder verletzt sind – sie können nicht anders, als ihrer Routine nachzugehen. Hält man sie gewaltsam davon ab, sind sie ganz verwirrt und unglücklich. Ihr Verhalten macht einen zwanghaften Eindruck. Es fehlt jedes heitere, spielerische Element. Alles wird unter großer Anstrengung und mit viel Kraftaufwand durchgeführt.

So gibt es Hunde, die auch, wenn sie von ihrem Dasein als Kettenhund »erlöst« wurden, darauf bestehen, an eine Kette zu kommen, egal wie tiefe Minusgrade herrschen oder wie krank sie sich fühlen. Solche Tiere haben nur bestimmte Möglichkeiten gefunden, mit dem Leben umzugehen, und jede Änderung der Verhältnisse flößt ihnen tiefe Angst ein. Rock Water als Dauertherapie hilft solchen Haustieren, wieder Freude am Leben und neue Möglichkeiten zu finden, mit ihm umzugehen.

Nach einer schlimmen Erfahrung kann es gegeben werden, um zu verhindern, daß ein negatives Verhalten als Reaktion sich darauf festsetzt und zu einer belastenden Gewohnheit wird. Alle Krankheiten, die mit Anpassungsschwierigkeiten zu tun haben, reagieren gut auf Rock Water. Tiere, bei denen der Fellwechsel nicht recht voran will, Vögel die in eine

Stockmauser geraten sind, alternde Katzen, die stur darauf bestehen, aus einem bestimmten Fenster zu springen, obwohl sie nicht mehr so elastisch sind, daß sie den Sprung verkraften können, und natürlich Tiere, die unter Heimweh leiden – ihnen wird Rock Water sehr gut tun.

Scleranthus *(Scleranthus annuus),* der einjährige Knäuel
Gerade die heute gezüchteten Rassetiere haben mehr als frühere Generationen unter gesundheitlichen und charakterlichen Schwächen zu leiden. Unter Experten wird häufig der Begriff »Zuchtdepression« verwendet. Die Vitalität, die Lebenskraft also, ist vermindert. Darunter leidet auch die Fruchtbarkeit. Die Anzahl der Jungen wird kleiner. Das Brutpflegeverhalten wirkt unsicher. Solche Muttertiere machen einen unglücklichen und verwirrten Eindruck.
Ob es sich um Hunde, Katzen, Vögel oder Nager handelt: Bei allen Tierarten, die längere Zeit hindurch ohne Rücksicht auf solche Aspekte gezüchtet wurden, können diese Instinktausfälle beobachtet werden.
Die Blüte des Knäuels hilft bei Unsicherheit und Unentschlossenheit. Eine Dauertherapie mit Scleranthus kann den gerissenen Faden der instinktgesteuerten Handlungen wieder zusammenknüpfen.
Eine Basistherapie mit Scleranthus kann auch vorsorglich mit den beiden zur Zucht ausgewählten Elterntieren durchgeführt werden. Dadurch wächst die Chance beträchtlich, daß die Nachzucht mit einem gesunden Instinkt-Repertoire zur Welt kommt. Das ist in der Tierheilkunde eines der großen Anwendungsgebiete für Scleranthus. Natürlich wird es auch im Alltag eingesetzt. Alle Krankheiten mit unklaren, wechselhaften Symptomen oder mit einem Verlauf, der den Zustand mal besser, mal schlechter erscheinen läßt, ohne daß er sich nun wirklich verschlimmert, erfordern die Behandlung mit Scleranthus.
Es gibt auch launische Tiere, denen man nichts recht machen kann: Die Katze will hinaus, dann doch lieber hinein. Kaum ist sie wieder im Haus, möchte sie eigentlich lieber hinaus.

Kurz: Alle Zustände, die unklar sind, bei denen eine klare Linie fehlt, kein Ziel zu erkennen ist, sprechen gut auf Scleranthus an.

Star of Bethlehem *(Ornithogalum umbellatum),* der doldige Milchstern

Jeder Mensch weiß aus eigener Erfahrung, daß ein durchlebter Schock nicht vergessen ist, sobald die Situation vorüber ist. Sehr oft bleibt noch einige Zeit die Erinnerung daran lebendig. Eine ähnliche Situation wie die damalige, aus der der Schock entstand, kann einem einen tiefen Schreck durch die Glieder jagen.

Solche Schocks können auch dafür sorgen, daß bestimmte Verhaltensweisen angenommen werden. Eine Katze, die einmal von einem Auto angefahren wurde, kann lebenslang eine panische Furcht schon bei dem Geräusch eines Motors empfinden.

Aber auch die Aufnahme von Gift in einer Dosis, die noch nicht zum Tod geführt hat, kann in den Körpergeweben einen Schock auslösen. Es können Leber und Nieren nachhaltig und dauernd geschädigt sein.

Auch die Allergien könnten einen Schock als ursächlichen Auslöser gehabt haben.

In allen diesen Fällen ist Star of Bethlehem sehr hilfreich. Wenn es als Dauertherapie angewendet wird, kann es nach und nach die Veränderungen, die der Schock bewirkt hat, rückgängig machen. Eine übertriebene Panik bei Motorenlärm kann also in eine gesunde und angebrachte Vorsicht vor Autos übergehen. Star of Bethlehem ist der fünfte und letzte Bestandteil von den Rescue Remedies, den Notfalltropfen, weil es dafür sorgt, daß ein Schockgeschehen nicht weiter fortschreitet und immer mehr Zellen zerstört, sondern daß es gestoppt wird und die betroffenen Körpergewebe sofort mit der Heilung beginnen. Star of Bethlehem ist also in akuten wie auch in chronischen Störungen anzuwenden, wenn sie mit einem auslösenden Schock in Zusammenhang stehen.

Sweet Chestnut *(Castanea sativa)*, die Edelkastanie

Der akute Zustand von Star of Bethlehem findet sein chronisches Vergleichsmittel in Sweet Chestnut. Die weiße Blüte der Edelkastanie ist angezeigt für Tiere, die eine lange Leidensgeschichte hinter sich haben. Sie sind völlig apathisch und machen einen zu Tode erschöpften Eindruck.

Tiere, die aus unsagbaren Verhältnissen herausgeholt wurden und deren Verzweiflung und körperlicher Zustand ohne jede Hoffnung zu sein scheint oder die so verstört sind, daß sie in einem helfenden Menschen nur noch einen Angreifer sehen können, gegen den sie sich verteidigen müssen, werden mit Sweet Chestnut recht schnell wieder harmonisiert.

Daher kommt es bei schweren chronischen Krankheiten in Betracht ebenso wie bei schweren seelischen Störungen, ob sie nun angeboren oder erworben sind.

Sweet Chestnut ist nicht sehr oft als alleiniges Mittel angezeigt, sehr viel häufiger vervollständigt es eine Kombination von Bach-Blütenessenzen.

Vervain *(Verbena officinalis)*, das Eisenkraut

Tiere, die ein recht begeisterungsfähiges und eifriges Wesen haben, die aber Artgenossen dazu zwingen möchten, sich ausschließlich nach ihnen zu richten, Spiele auf ihre Art zu spielen und die auch in ihrer Alltagsroutine streng festgelegt sind und keine Änderungen dulden, brauchen Vervain. Es sollte dann verabreicht werden, wenn diese spezielle Wesensart extrem und damit recht lästig wird oder, wenn sich Krankheiten zeigen, die durch die ganz unnötige dauernde Anspannung entstehen. Dazu zählen beispielsweise Krämpfe und Koliken, allgemeine Unruhezustände und das weite Feld der Neurosen, Marotten und Unarten. Oft ist eine Kombination mit Chestnut Bud sehr nützlich, um dem Zwang nach immer gleichen Verhaltensweisen entgegenzuwirken.

Auch Haustiere, die einen ausgeprägten Hang zur Streitlust haben, werden mit Vervain ausgeglichener.

Die positiven Seiten dieser Tiere machen dem Besitzer viel

Freude, denn sie sind immer dazu aufgelegt, etwas zu unternehmen, zu spielen, etwas zu lernen. Sie möchten alle in ihr Spiel mit einbeziehen und sind auf dem Gebiet des sozialen Miteinanders sehr aktiv. Sie geben sich auch mit Außenseitern viel Mühe und wirken deshalb oft auf schüchterne oder ängstliche Artgenossen sehr positiv. Nur Widerstand gegen ihre Führung können sie nun einmal nicht vertragen.

Vine *(Vitis vinifera),* die Weinrebe
Die Essenz aus der Rebenblüte hat einige Punkte mit Vervain gemeinsam. Es sind die geborenen Anführer, die bis zur Schikane und Tyrannei alles daransetzen, um ihre Rolle zu spielen. Auch von ihrem Besitzer dulden sie oft keine Vorschriften. Immer wieder führen sie einen Machtkampf herbei und können es einfach nicht akzeptieren, nicht an erster Stelle zu stehen. In einer Gemeinschaft von mehreren Artgenossen sind sie vorbildliche Anführer, die sichtlich stolz ihre Verantwortung tragen. Aber fast immer ist es ja notwendig, daß Haustiere sich nach den Anweisungen ihrer Besitzer richten, und damit hat ein solches Tier enorme Schwierigkeiten. Im Unterschied zu einem Tier, das Beech benötigt, weil es nichts außer den eigenen Interessen gelten läßt, wäre also ein Vine-Tier ausgeglichen und fröhlich, wenn es seine Rolle als Anführer, als Leittier spielen dürfte.

Walnut *(Juglans regia),* der Walnußbaum
Die Blüte aus dem Walnußbaum ist in der Tierheilkunde ein sehr wichtiges Mittel. Denn, wenn es schon Menschen oft schwer fällt, mit den notwendigen Veränderungen in ihrem Leben umzugehen, obwohl sie wissen, warum es unumgänglich ist, so muß ein Tier sich in Veränderungen fügen, ohne zu wissen, warum, oder wie die neue Situation ausssehen wird. Es ist einer Autorität ausgeliefert, dem Menschen.
Walnut hilft, Veränderungen gut zu verkraften, nicht in Angst zu geraten und sich schnell in der neuen Situation zu orientieren.
Wer ein Haustier zu sich holt, kann ihm also bei der Einge-

38

wöhnung gut helfen, indem er Walnut über das Trinkwasser oder Futter verabreicht.

Weibliche Tiere, die zum ersten Mal tragen oder brüten, verkraften die neuen Belastungen mit Walnut besser, ebenso wie die Jungtiere, die man mit verdünnter Walnutessenz abtupfen kann.

Ein altes Tier, dessen Tod abzusehen ist, wird durch Walnut so harmonisiert, daß es einen ruhigen, friedlichen und schmerzfreien Tod erlebt.

Wenn Infektionskrankheiten auftreten, kann Walnut vorsorglich gegeben werden, weil es die Gesundheit so stärkt, daß nicht jeder fremde Einfluß Oberhand gewinnt.

In der Genesungszeit hilft eine Bach-Blütenkombination, die auch Walnut enthält, bei der schnellen und umfassenden Gesundung.

Bei jungen Tieren ist es während der Zahnung angebracht. Sollte eine Operation notwendig werden, kann Walnut vorher und hinterher gegeben werden. Es hilft dem Organismus, diese Belastung besser zu überstehen.

Water Violet *(Hottonia palustris),* die Sumpfwasserfeder
Es gibt unter den Windhunden und ganz besonders unter den Katzen viele Tiere, die den typischen Water-Violet-Zustand zeigen: Es sind Haustiere mit einem ausgeprägten Stolz, die immer auf eine gewisse Distanz bedacht sind. Sie tun sich schwer, Kontakt mit anderen herzustellen, ob es sich nun um unbekannte Menschen oder Artgenossen handelt. Sie würden nie um Futter oder Zuneigung betteln, sondern vermitteln den Eindruck, als sei es eine Gnade, daß sie so etwas überhaupt zur Kenntnis nehmen. Jede Anbiederei ist ihnen fremd und ein Graus.

Im Allgemeinen sind sie ruhig und zurückhaltend, können sich selbst beschäftigen und sind von daher sehr angenehme Haustiere — für Menschen, die nicht unbedingt ein Streichel- und Kuscheltier brauchen. Eine Behandlung mit Water Violet wäre dann angebracht, wenn diese Charakterzüge ins Extrem ausarten.

Wenn also ein solcher Einzelgänger mit einem zweiten Tier in seiner Umgebung konfrontiert wird, das plötzlich mit zur Familie gehören soll, dann kann er sehr darunter leiden, gerade wenn der Neuling ein Jungtier ist, das Kontakt sucht und dabei zudringlich wird. Dann weiß das ältere Tier sich manchmal gar nicht zu helfen, denn es ist vielleicht zu einem freundschaftlichen Kontakt nicht fähig.

Bevor ein solches Tier dann aggressiv wird und ganz aus dem Gleichgewicht gerät, sollte ihm durch eine Dauertherapie mit Water Violet geholfen werden. Sehr hilfreich ist diese Blüte vor allem dann, wenn sich in der Familie ein Kind ankündigt und zu befürchten ist, daß das Tier die ungeschickten Annäherungsversuche des Kindes nicht dulden wird.

White Chestnut *(Aesculus hippocastanum),* die Roßkastanie

Die Blüte aus der Roßkastanie ist bei allen Zuständen hilfreich, die aus einer Blockierung entstehen. Ein Tier, welches sich immer nur bis zu einem bestimmten Punkt etwas traut und das dann der Mut verläßt, kann White Chestnut gebrauchen. Alle Angstzustände, die von bestimmten Gegenständen oder Situationen ausgelöst werden, weil eine schlimme Erinnerung damit verknüpft ist, werden von White Chestnut wohltuend beeinflußt. Es stärkt Mut und Selbstvertrauen.

Zusammen mit Mimulus kann White Chestnut, als Dauertherapie eingesetzt, oft die Schußangst heilen, unter der viele Hunde leiden.

Auch bei Krankheiten, die durch bestimmte Auslöser immer wieder auftreten, wirkt es hilfreich. Zu denken ist da an Allergien, an rheumatische Erscheinungen, die durch Regenwetter auftreten oder an Übelkeit, die immer beim Autofahren auftritt.

Auch bei Geburtsschwierigkeiten oder Legenot kann es eingesetzt werden, weil es die eventuell vorhandene seelische Blockade aufhebt.

Wild Oat *(Bromus ramosus),* die Waldtrespe

Die Wirkung von Wild Oat ist sowohl mit der von White

Chestnut als auch mit der von Scleranthus vergleichbar. Tiere, die es brauchen, weisen auch eine Blockade auf, wenn beispielsweise eine Krankheit in einem Stadium verbleibt und der Zustand sich gar nicht ändert. Aber Wild Oat hat auch die Unentschlossenheit von Scleranthus, die Unfähigkeit, sich zu entscheiden. Solche Tiere sind launisch und wechselhaft in ihrer Stimmung und in ihrer körperlichen Verfassung. Immer wenn also eine Entscheidung, klare Linie oder neue Entwicklung erreicht werden soll, kann Wild Oat einer Kombination zugefügt werden.

Wild Rose *(Rosa canina)*, die Hundsrose
So wie es Tiere gibt, die einen ausgesprochenen Lebenswillen und starken Selbstbehauptungtrieb haben, die also, wenn sie erkranken, heftige Symptome zeigen, wonach aber auch eine schnelle Gesundung eintritt, so gibt es auch Tiere, denen diese Lebensenergie abgeht. Sie fügen sich in ihre Krankheit, in ihre Schmerzen und leiden darunter, ohne sich zu bemühen, noch Wasser oder Futter aufzunehmen. Sie ergeben sich, ohne überhaupt gekämpft zu haben.
Wild Rose ist also das Mittel für Tiere, die ruhig und zaghaft sind, die sich nicht aktiv anpassen, sondern sich einfach fügen und die eine schwache Gesundheit haben. Wild Rose hilft ihnen, die unentwickelte Persönlichkeit zu stärken und auch die Fähigkeit, Krankheitserreger zu bekämpfen.
Bei Krankheiten, die ganz unklare Symptome haben, bei denen nur das Allgemeinbefinden immer schlechter wird, ohne daß das Tier hier oder dort Schmerzen hätte, hilft Wild Rose sehr gut mit Wild Oat zusammen. Denn Wild Oat führt die Klärung herbei und Wild Rose stärkt den Organismus und den Lebenswillen.

Willow *(Salix vitellina)*, die gelbe Weide
So wie Holly angebracht ist bei plötzlichen und heftigen Ausbrüchen von Aggressivität und Bösartigkeit, so ist Willow das chronische Gegenstück dazu. Willow-Tiere sind grundsätzlich mißtrauisch, schlecht gelaunt, übelnehmerisch und,

im Ganzen gesehen, recht unerfreuliche Hausgenossen. Sie sind schnell beleidigt und schmollen oft tagelang wegen einer Kleinigkeit. Läßt der Besitzer sie einmal allein, freuen sie sich nicht über seine Wiederkehr, sondern »kennen ihn nicht mehr«. Ein solcher Charakter kann angeboren sein oder sich im Lauf der Zeit entwickeln.

Auch lange andauernde schlechte Erfahrungen können zu einer mißtrauischen, verbitterten Grundhaltung dem Leben gegenüber führen.

Manche Tiere werden auch im Alter so, wenn sie fühlen, daß sie körperlich schwächer werden und dann lieber angreifen, als in die Lage zu kommen, sich wehren zu müssen.

Eine Dauertherapie mit Willow taut ein solches Tier auf, und es ist rührend zu beobachten, wie es von sich selbst überrascht ist, wenn es plötzlich mit einem Artgenossen um die Wette rennt, ganz unbeschwert und dem Spiel hingegeben, vielleicht zum ersten Mal in seinem Leben.

Artgerechte und naturgemäße Haltung unserer Haustiere

Zu einem nicht geringen Teil werden die Krankheiten und Verhaltensstörungen unserer Haustiere durch Fehler in der Aufzucht, Fütterung, Pflege und Haltung verursacht.

Bevor also eine Behandlung mit Bach-Blüten begonnen wird, sollten die Bedingungen, unter denen das Tier lebt, kritisch überprüft und gegebenenfalls verbessert werden. Denn Bach-Blüten können zwar eine Heilung in Gang bringen oder beschleunigen, aber sie können nicht die naturgemäßen Ansprüche eines Tieres unterdrücken. Die Bach-Blüten können bei der Anpassung eines Tieres an bestimmte Verhältnisse mithelfen, aber nur, wenn sie nicht den grundsätzlichen Bedürfnissen des Tieres entgegenstehen. Jede Tierart hat ihre ganz besonderen Eigenarten und daraus resultierende Probleme.

Grundsätzlich sollte schon vor der Anschaffung eines Tieres überlegt werden, ob die Verhältnisse, in die man das Tier holt und die Ansprüche des zukünftigen Hausgenossen übereinstimmen. Der nächste Schritt ist die Auswahl eines möglichst gesunden und ausgeglichenen Tieres. Hierbei spielt sicher die spontane Zuneigung zu diesem oder jenem Tier eine wichtige Rolle, doch sollte man seine Gefühle einigermaßen unter Kontrolle halten und die beiden Aspekte, Gesundheit und Ausgeglichenheit, nicht zugunsten des Mitleids mit einem kranken oder kümmerlichen Tier vernachlässigen. Denn mit solchen »Mitleidskäufen« wird ja leider die verantwortungslose »Produktion« von Tieren unterstützt, die oft ihr Leben lang unter ihren Krankheiten und Beeinträchtigungen zu leiden haben.

Hunde

Über die Hundehaltung, die verschiedenen Rassen, die richtige Fütterung, Pflege und Haltung sind unzählige Bücher erschienen. An dieser Stelle soll nur das Wichtigste und Grundsätzliche besprochen werden; auch mit einigen Vorurteilen, die sich hartnäckig halten, wird hier aufgeräumt.

1. Die Überlegung, ob ein Hund angeschafft werden soll, kann unter folgenden Gesichtspunkten erfolgen: Ein Hund wird 10–15 Jahre alt: Ist er über eine so lange Zeit in der Familie erwünscht? Ein Hund kostet täglich, monatlich und jährlich Geld. Wird die Bereitschaft zu diesen Aufgaben immer vorhanden sein? Ein Hund beansprucht täglich Zeit, Zuwendung und Beschäftigung. Er bellt, er muß sich entleeren, und er hat einen bestimmten Bewegungsdrang. Ist man bereit, diese negativen Aspekte der Hundehaltung zu sehen und zu akzeptieren?

2. Die Wahl der Rasse: Hier taucht zunächst die Frage auf, ob es ein Rassehund sein soll oder ein Mischling. Ein Rassehund ist teuer in der Anschaffung, vor allem, wenn er von einem seriösen, verantwortungsbewußten Züchter kommt. Die Vorteile eines Rassehundes bestehen darin, daß das Tier eine gewisse, abzuschätzende Größe erreicht beziehungsweise erreichen wird und, daß in etwa abzusehen ist, welche Temperaments- und Charakterzüge später dominieren werden (falls man sich einen Welpen anschafft), außerdem, welche Ansprüche in bezug auf Pflege, Auslauf und Futtermenge auf einen zukommen. Ein Mischlingswelpe ist immer für eine Überraschung gut, viele Hundefreunde schätzen genau das, und manch einer besitzt ein wahres Prachtexemplar und ist mit ihm überglücklich.

3. Welches Futter braucht ein Hund? Grundsätzlich kann festgestellt werden: Je mehr die Fütterung sich der Nahrung des Tieres in seiner Wildform annähert, desto besser ist sie. In der ursprünglichen Umgebung der Hunde-

artigen, der Caniden, standen zur Verfügung: kleine Säuger und Vögel, die samt Fell und Knochen gefressen wurden oder größere Beutetiere, gemeinschaftlich gejagt oder auch noch in leicht verwestem Zustand (Aas) verschlungen; außerdem Gräser, Grassamen, Fallobst und Grünzeug.

4. Pflegemaßnahmen: Wie oft das Haar gekämmt oder gebürstet werden muß, hängt von der Länge und Struktur ab. Gebadet werden sollte ein Hund so selten wie möglich, da das Haarkleid andere Funktionsweisen als beispielsweise Menschenhaar hat. Durch Waschungen mit Seife oder Shampoon wird der gesamte Schutzmechanismus zerstört, der sich nur langsam wieder aufbaut (in ca. 1 Woche). In dieser Zeit haftet Schmutz gut an den Haaren, Nässe dringt bis auf die Haut, Krankheitserreger, Pilze und Flechten finden ein ungeschütztes Milieu vor. Als Alternativen zum Seifenbad bieten sich an: Den Hund trocknen lassen und dann gründlich ausbürsten oder ein eher kühles Bad mit gründlichem Abrubbeln, aber ohne Seifezusatz. Die Krallen, Ohren und Augen sollten wöchentlich kontrolliert werden, ebenfalls so die Zähne, die Achseln und der Afterbereich.

5. Haltungsbedingungen: Einer der wichtigsten Punkte ist das ungefilterte Tageslicht und der natürliche Hell-Dunkel-Rhythmus. Besonders bei Hunden, die zur Zucht eingesetzt werden, sollte dieser Aspekt keinesfalls unterschätzt werden. Das Stoffwechselgeschehen, der Hormonhaushalt und sogar die Stimmung eines Hundes hängen in nicht geringem Grad davon ab, in welchem Ausmaß er den natürlichen Lichtverhältnissen ausgesetzt ist. Das spricht einerseits für die Haltung unter freiem Himmel; es muß aber ein Kompromiß gefunden werden zwischen dem Bedürfnis des Hundes nach Familienanschluß und – bei nicht wenigen Hunderassen – dem Bedürfnis nach Wärme und Schutz vor Nässe einerseits und den Ansprüchen an die Lichtverhältnisse andererseits.

6. Es stellt sich auch die Frage nach dem Auslauf und der

Beschäftigung. Entgegen einiger verbreiteter Vorurteile muß ein Hund nicht täglich ein bestimmtes Quantum an Kilometern laufen. Hier ist die Frage der Qualität ausschlaggebend, nicht die der Quantität. Freilandbeobachtungen an Wildhunden haben gezeigt, daß die Tiere große Strecken hinter sich bringen, wenn es notwendig ist. Finden sie Futter in der Nähe, dann spielen sie lieber miteinander, toben herum und schlafen ausgiebig. Es ist also angemessener, den Hund drei- oder viermal am Tag richtig toben und spielen zu lassen, entweder mit seinem Besitzer oder, noch besser, mit anderen Hunden, als ihn einmal am Tag 10 oder 20 Kilometer neben dem Fahrrad traben zu lassen. Genauso wichtig wie die körperliche Betätigung ist für den Hund – und gerade für den jungen, heranwachsenden – die geistige Anforderung. Etwas lernen zu dürfen, ein Kommando mit der richtigen Handlung verknüpfen und gelobt zu werden – das sind grundlegende Bedürfnisse des Rudeltiers Hund.

7. Erziehung: Wie gerade erwähnt, ist der Hund ein Rudeltier, also ein soziales Wesen. Unter den heutigen Bedingungen ist es notwendig, daß ein Hund unter der Kontrolle des Besitzers steht. Das wiederum bedingt, daß der Mensch, nicht der Hund, die übergeordnete Autorität besitzt. Auch hiermuß ein Vorurteil klargestellt werden: Der Anführer eines Wildhundrudels wird nicht respektiert und gefürchtet, weil er besonders stark und brutal wäre, sondern er wird geliebt und geachtet, weil er Kompetenz, eine gewisse Lässigkeit und Selbstvertrauen ohne jede Unsicherheit besitzt. Er kann einen Streit schlichten und ins Spielerische ablenken, denn seine Aufgabe ist es, das Rudel als Jagdgemeinschaft zusammenzuhalten. Er muß bei der Erziehung und Ausbildung der Junghunde mitwirken. Das aber kann er nicht erreichen, wenn diese ihn fürchten und ihm aus dem Weg gehen. Er muß also im Gegenteil äußerst vertrauenswürdig und liebenswürdig sein. Und schließlich reißen sich die wenigsten Rudelmitglieder um diesen »Job«, denn der Anführer ist ver-

antwortlich für die Nahrungsbeschaffung, für den Frieden in der Gruppe und für das Wohlergehen der Gemeinschaft. Er darf diese also auch keinen vermeidbaren Gefahren aussetzen. Wenn es nicht in fast jedem größeren Wurf einen »geborenen Anführer« gäbe, der aufgrund seiner Ausstrahlung akzeptiert wird, wäre der Zusammenhalt eines Rudels aufs Schwerste gefährdet.

Für den Hundehalter ergeben sich aus diesen Tatsachen einige Konsequenzen: Nicht mit Schreien, Schlägen und »Strenge« sollte er sich seine Autorität dem Hund gegenüber sichern, sondern mit Humor und Konsequenz. Ein Anführer hat es nicht nötig, auf jede probeweise Herausforderung mit Strafen zu reagieren. Aber er besteht darauf, daß bestimmten Befehlen sofort und bedingungslos zu folgen ist, denn das ist lebensnotwendig.

Ein Hund, der genau weiß, woran er bei seinen Menschen ist, der genug Beschäftigung, viele soziale Kontakte mit Menschen und Artgenossen, eine einigermaßen angemessene Nahrung, die nötige Pflege und ausreichend Tageslicht erhält — so ein Hund hat alle Voraussetzungen, um glücklich und gesund zu bleiben.

Katzen

Katzen sind in einigen Punkten mit Hunden vergleichbar, jedoch Haustiere mit ganz anderen Ansprüchen.

1. Ist eine Katze das richtige Haustier? Im Gegensatz zu Hunden lassen Katzen sich meist nicht von irgendwelchen Autoritätsansprüchen des Menschen beeindrucken. Sie erheben zwar den Anspruch, als gleichwertiges Familienmitglied akzeptiert zu werden, aber genauso wichtig ist ihnen, ihre Unabhängigkeit zu wahren, ihrer Wege zu gehen und sich also ganz nach Belieben in den unabhängigen Einzelgänger zu verwandeln. Nur wer das tolerieren kann, sollte sich eine Katze anschaffen. Die Katze

hat keinen Sinn für einen Tauschhandel: Futter und Streicheln gegen Zuneigung und Gehorsam. Sie nimmt das eine und denkt nicht daran, sich zum anderen verpflichtet zu fühlen.

Katzen können noch wesentlich älter werden als Hunde. 15, 20 Jahre sind nicht selten. Dafür entfallen die Kosten für Steuer und Haftpflichtversicherung. Die Futterkosten für ein Tier sind gering. Freier Auslauf ist eine feine Sache, aber eine Katze, die nie draußen war, scheint nichts zu vermissen, wenn sie in der Wohnung lebt. Eine stets saubere Katzentoilette (pro Katze!), ein warmes Plätzchen, gutes Futter und Spielzeug, das sind die grundsätzlichen Ansprüche.

2. Die Unterschiede zwischen verschiedenen Katzenrassen sind längst nicht so groß wie zwischen Hunderassen. Siamesen gelten als temperamentvoll und laut mit einem leichten Zug ins Verschlagene, Perserkatzen als ruhig, aber nicht übermäßig intelligent. Da Katzen aber so ausgeprägte Individualisten sind, setzen sie sich sehr oft über diese Aussagen hinweg und sind vielleicht ganz anders, als es in den Büchern über Katzenrassen steht.

Wer eine Katze ausschließlich in der Wohnung halten will oder muß, sollte bei der Auswahl des Tieres darauf achten, daß es noch nie draußen war, ebenso wie das Muttertier, denn interessanterweise scheint sich der Drang, draußen zu streunen, über die Mutterlinie zu vererben.

3. Als Futter ideal sind kleine, frische, ganze Beutetiere, also Mäuse, Küken, junge Kaninchen. Kuhmilch ist unbedenklich, sogar ausgesprochen wertvoll, wenn sie direkt von einem Bauernhof geholt werden kann. Sonst weiche man lieber auf Sahne, Quark und Frischkäse aus. Genau wie bei Hunden ist Katzenfutter aus der Dose oder dem Paket ein Ersatz für Frischfutter und sollte als solches betrachtet werden. Wer die allererste Dose Katzenfutter öffnet, muß damit rechnen, daß die darin enthaltenen Aromastoffe dazu führen können, daß die

Katze in Zukunft absolut nichts anderes mehr fressen will.

4. Die Pflegemaßnahmen sind im Prinzip die gleichen wie bei der Hundehaltung.

5. Haltungsbedingungen: Was zu den Ansprüchen in bezug auf ungefiltertes Tageslicht im Abschnitt Hundehaltung geschrieben wurde, gilt nicht nur für Katzen, sondern prinzipiell für alle Tiere. Ansonsten sind Katzen, mit Hunden verglichen, sehr viel wärmebedürftiger. Sie im Winter auszusperren, ohne daß sie sich irgendwo aufwärmen könnten, ist Tierquälerei und führt zu einer hohen Krankheitsanfälligkeit.

6. Auslauf und Beschäftigung: Je nach den Verhältnissen, unter denen eine Katze lebt,kann sie diese Bedürfnisse recht gut selbst beurteilen und sich erfüllen. Katzen, die hinaus dürfen, haben bald ihre Wege, die sie zu bestimmten Zeiten gehen, bestimmte Orte, die sie aufsuchen. Wohnungskatzen möchten oft, daß ihre Besitzer zu bestimmten Zeiten mit ihnen spielen und schmusen.

7. Erziehung: Ein wichtiger Aspekt muß bei der Anschaffung einer Katze berücksichtigt werden: Ein Jungtier sollte mindestens 10, besser 12 Wochen mit den Geschwistern bei der Mutter verbracht haben. In der Zeit von der 6. bis etwa zur 12. Lebenswoche lernt ein Kätzchen von der Mutter, mit den Geschwistern gemeinsam, alles, was an Verhaltensweisen für eine Katze wichtig und richtig ist. Es lernt, auf die Katzentoilette zu gehen und das soziale Miteinander. Es lernt, daß verschiedene Nahrungsmittel genießbar sind, sich zu putzen und sauberzuhalten, zu spielen; aber auch, sich gegen den Angriff einer anderen Katze zu wehren.

Katzen, die zu früh von der Mutter getrennt wurden, oder deren Mutter schon dieses Schicksal erlitt, leiden oft unter Verhaltensstörungen wie Unsauberkeit, Unberechenbarkeit, die durch Unsicherheit verursacht wird, einseitigen Futteransprüchen und der Unfähigkeit, mit einer anderen Katze in freundschaftlichen Kontakt zu treten oder irgendeine Veränderung in der Umgebung zu akzeptieren.

Vögel

Die am häufigsten gehaltenen Vogelarten gehören zur Gruppe der Finken und Papageiarten. Letztere weisen eine so spezifische Problematik auf, daß sie hier zuerst behandelt werden sollen.

Zu den echten Papageien gehören auch die so zahlreich gehaltenen Wellensittiche. Als ausgesprochene Schwarmvögel leiden sie sehr, wenn sie allein gehalten werden. Kaum ein Vogelfreund macht sich klar, daß sein zahmer, sprechender Wellensittich aus purer Not den Kontakt mit einem ganz anders gearteten Wesen, nämlich dem Menschen, gesucht hat. Solche »nestjungen« Wellensittiche werden schlicht fehlgeprägt, sie wenden sich nicht freiwillig ihrem Besitzer zu, sondern weil sie annehmen müssen, daß der Mensch ein Artgenosse ist. Wer dagegen einmal zwei Wellensittiche zusammen gehalten hat, wird festgestellt haben, wie rührend deren Anhänglichkeit aneinander zu beobachten ist. Stundenlang wird gekrault, gekuschelt, gespielt und gelärmt. Das alles, rund um die Uhr, kann kein Mensch einem Vogel bieten.

Bei den Großpapageien ist dieses Problem noch ausgeprägter: Diese Tiere, die ein Menschenalter erreichen können, schließen eine Partnerschaft auf Lebenszeit – wenn sich der richtige Partner findet. Und wenn sich ein solcher Papagei mit einem Menschen »verheiratet« – meist in einem Alter zwischen 3 und 7 Jahren –, beginnt erst das eigentliche Drama: Das Tier ist pausenlos frustriert, weil sein »Gatte« sich andauernd regelwidrig verhält. Er geht zum Beispiel allein fort – bei einem Papageienehepaar undenkbar! Der Mensch kann weder richtig balzen, noch die Paarung vollziehen, und eine Brut kann mit so einem Partner natürlich auch nicht aufgezogen werden.

Was hier etwas komisch klingt, ist für einen Papagei bitterer

Ernst, und nicht wenige Vögel werden früher oder später ausgesprochen bösartig oder absolut eifersüchtig auf alle Wesen, die sich dem »Ehepartner« zu nähern wagen. Das Schicksal des Tieres ist besiegelt, wenn es dann weggegeben wird. Denn bei dem neuen Besitzer ist es noch zusätzlich frustriert, weil es seinen Partner verloren hat. Die Tiere brauchen Monate oder Jahre, um darüber hinweg zu kommen.

Aus dem gleichen Grund ist davon abzuraten, einen Papagei zu kaufen, der nicht ausdrücklich und nachweisbar aus einer Nachzucht kommt, sondern vielleicht ein Exemplar ist, das aus der natürlichen Umgebung eingefangen wurde. Bei diesen Papageien ist das Alter nicht mehr feststellbar, sie können schon recht alt sein, unter Umständen lebten sie in einer Partnerschaft und haben schon Nachwuchs aufgezogen. Diese Vögel bleiben oft zeitlebens bemitleidenswerte, völlig verängstigte schreiende Wesen, an denen kein Privathalter auch nur die geringste Freude haben kann.

Der Ausweg aus dem Dilemma: Papageien sollten niemals einzeln gehalten werden. Mit ihrem Artgenossen müssen sie aber gut harmonieren, denn Sympathie ist keineswegs selbstverständlich. Und ein Papagei, der einen Widerwillen gegen einen anderen gefaßt hat, ist nicht zimperlich: Die Antipathie kann soweit gehen, daß Versuche unternommen werden, den anderen zu töten.

1. Es erhebt sich also die Frage: Sind *zwei* Papageien für mich die richtigen Haustiere? Tatsache ist: Papageien sind teuer, sehr laut, verschwenderisch mit ihrer Nahrung, entsprechend viel Dreck fällt an, stubenrein werden sie nicht. Sie werden dagegen sehr gern an Tapeten und Büchern tätig, kurz an allen Gegenständen, die einem lieb und teuer sind. Außerdem ist der Papagei neben der Schildkröte ein Haustier, das man unter Umständen ein ganzes Leben lang hat; vielleicht muß man sogar testamentarisch für sein Wohlergehen sorgen.

2. Welche Art kommt für mich in Frage? Unproblematisch in der Haltung sind zwei Wellensittiche, Nymphensittiche

oder andere Sitticharten, die regelmäßig nachgezüchtet werden. Zu berücksichtigen ist hier, daß sie alle nicht gerade leise sind und einigen Schmutz verursachen. Wenn die Unterbringung optimal ist, wird man aber sehr viel Freude beim Beobachten der putzigen Gesellen haben, und mit viel Geduld und einigem Zeitaufwand werden auch zwei Vögel zutraulich, sogar zahm. Das ist dann aber eine gesunde, unbefangene Vertrautheit, die freiwillig geschenkt wird, ohne den Zwang der Einsamkeit.

Sehr nette Geschöpfe sind die Mohrenkopfpapageien, die sehr jung aneinander gewöhnt werden sollten und dann durch ihre ausgeprägte Intelligenz, ihr keckes, fast listiges Wesen sehr viel Spaß machen. Es sind schon echte Großpapageien, in Gestik und Verhalten aber gewissermaßen im Taschenformat.

Aras haben eine Stimme, die mühelos die lautesten Wasserfälle (ihr Lebensgebiet in freier Natur) übertönt, und sie kommen daher wohl nur für ganz bestimmte Häuser in Betracht. Graupapageien sind äußerst sensibel, man kann mit ihnen sehr schnell etwas falsch machen, andererseits gibt es kaum etwas Schöneres als zwei befreundete Graupapageien, die mit Menschen freundschaftlichen Kontakt pflegen und allerlei Geräusche, Wörter und Lieder von sich geben.

Amazonen und Kakadus bilden sozusagen die mittleren Schwierigkeitsgrade.

3. Fütterung: Diese Frage ist recht leicht beantwortet: In Frage kommt schlichtweg alles, was auch dem Menschen bekommt und noch einiges darüber hinaus. Das Futter sollte nur kein Salz enthalten, möglichst wenig Gekochtes sollte dabei sein. Je abwechslungsreicher, desto besser. Alle Arten Gemüse, Grünzeug, Obst und Nüsse sind begehrt, ebenso angekeimte Getreidekörner, Sprossen und Frischkornbrei. Zusätzlich gibt es Honig, gekochtes Ei oder Quark, mal einen Hühnerschenkel mit etwas Fleisch daran und, sehr wichtig, regelmäßig frische Zweige von ungiftigen Laub- und Nadelbäumen. In Frage

kommen: Fichten- und Kiefernzweige, Äste von Ahorn, Buche, Birke, Erle, Esche, alle Nuß- und Obstbaumarten. Diese Äste dienen nicht nur zur Versorgung mit Vitaminen, Mineralstoffen und Spurenelementen aus der Rinde, den Knospen und den grünen Teilen, sondern — genauso wichtig — als Beschäftigungsmöglichkeit. Nichts ist schlimmer für so intelligente Tiere, als an Langeweile zu erkranken.

4. Pflege: Bei artgerecht gehaltenen Papageien müssen meist weder Schnabel noch Krallen geschnitten werden; sie nützen sich von selbst ab. Sehr wichtig ist die Sauberhaltung des Käfigs, denn in freier Natur sind Papageien ständig unterwegs und finden daher »immer alles frisch vor«. Sie haben also keine Widerstandskräfte gegen Bakterien und Pilze entwickeln können, die sich in ihren Ausscheidungen oder in verdorbenem Futter entwickeln. Deswegen müssen die Futter- und Wassernäpfe täglich ausgewaschen werden, feuchtes Futter sollte höchstens 12 Stunden im Käfig bleiben und dann durch frisches ersetzt werden. Der Käfig muß einmal wöchentlich mit sehr heißem Wasser gewaschen und ausgeschrubbt werden.

5. Haltung: Der optimale Lebensraum von Papageien ist schnell charakterisiert: Viel Platz, interessante Klettermöglichkeiten, ein dunkles, sichtgeschütztes Plätzchen (denn Papageien sind Höhlenbrüter), Sitzstangen, die unregelmäßig geformt sind, damit die Krallen sich abnützen, die erwähnten frischen Äste, Tageslicht, aber keine Zugluft. Sodann 1—2mal wöchentlich ein Duschbad mit handwarmem Wasser aus einer Blumenspritze, die nur diesem Zweck dient. Hin und wieder sollte der Lebensraum neu gestaltet werden, was Spielzeug und Sitzstangen betrifft, damit die Papageien wieder etwas zu erforschen haben.

6. Die Bewegungs- und Beschäftigungsmöglichkeiten sind im Abschnitt über die Haltung behandelt worden.

7. Erziehen kann man Papageien weder zum Gehorsam

noch zur Stubenreinheit. Unarten haben ihre Ursache entweder in falscher Haltung, in früheren schlechten Erfahrungen oder darin, daß es sich um Wildfänge handelt. Wer sich für Papageien interessiert, sollte vor dem Kauf wissen, daß es so gut wie aussichtslos ist, einen Schreier oder Rupfer zu heilen, denn diese Angewohnheiten nehmen leider Suchtcharakter an. Anders liegt der Fall, wenn bei einem Papagei diese Angewohnheit plötzlich auftritt. Dann sollte einerseits die Ursache abgestellt und andererseits mit einer sorgfältig durchgeführten Bach-Blütentherapie die Gefahr abgewendet werden, daß die Unart, besser ausgedrückt, die Verhaltensstörung, chronisch wird.

Die Finkenarten sind in ihrer Haltung unproblematischer, allen voran der Kanarienvogel. Hier kann man sich auf ein gutes Fachbuch verlassen und sich daraus die nötigen Informationen besorgen.

Nager

Als Haustiere werden gehalten: Zwergkaninchen, Meerschweinchen, Goldhamster, Mäuse, Ratten, Hörnchen und Chinchillas.
Da es sehr gute Fachliteratur über die Haltung dieser Tiere gibt, wird hier nur auf einige Punkte eingegangen, die immer wieder falsch gemacht werden:
Das Tier, das im Verhältnis zu seiner Größe den ausgeprägtesten Bewegungsdrang hat, nämlich der Goldhamster, wird bedauerlicherweise im kleinsten Käfig gehalten. Das Laufrad ist nur ein kümmerlicher Ersatz für die Strecken, die so ein Hamsterchen zurücklegen möchte. Auslauf im Zimmer ist immer problematisch, weil das Tierchen leider viel knabbert und zerstört.
Wer daher *einen* Hamster artgerecht halten möchte, dem sei geraten, die Unterkunft selbst zu basteln: Aus Resopalplat-

ten kann ein oben offener Würfel von 1 m^3 hergestellt werden, oben mit Drahtgeflecht verschlossen, der Boden mit etwa 30 cm sauberem Sand und Sägespänen aufgefüllt, mit Ästen und Papprollen und alten Tüchern für den Nestbau ausgestattet. Der Aufwand lohnt sich, denn ein Hamster in dieser Umgebung ist richtig spannend zu beobachten. Da Hamster Einzelgänger sind, ist die Haltung von mehreren erwachsenen Tieren in einem Lebensraum auf die Dauer nicht durchführbar.

Meerschweinchen vertragen ziemliche Kältegrade, aber keine Feuchtigkeit. Sie sollten daher nicht gebadet werden. Alle Nager brauchen die Möglichkeit, ihre Zähne dauernd abzunutzen. Immer müssen daher Zweige (wie bei den Papageien beschrieben), steinhartes Brot oder Hundekuchen und ein Mineralstoffstein (aus dem Zoofachhandel) angeboten werden. Mit Ausnahme der Hamster sind alle Nager soziale Tiere, die in Gruppen leben. Kann man sich daher nicht wirklich ausgiebig mit seinem Tier beschäftigen, ist es tierfreundlicher, mehrere Artgenossen zu halten.

Chinchillas sind sehr anspruchsvolle Tiere. Inzwischen gibt es einige fundierte Bücher, die sich mit ihrer Haltung, Pflege und Fütterung beschäftigen. Ein solches Buch sollte unbedingt gelesen werden, bevor die Entscheidung gefällt wird, sich ein oder mehrere Chinchillas anzuschaffen.

Zubereitung, Dosierung und Eingabe der Bach-Blütenessenzen

Zunächst müssen einige Begriffe erklärt werden, die immer wieder vorkommen:

Die Behandlung akuter Krankheiten oder geringfügiger Störungen erfolgt durch eine Kurzzeittherapie. Sie dauert zwischen 1 Tag und 2 Wochen, je nach Notwendigkeit. Auch die vorbeugende Behandlung ist meist nur für wenige Tage nötig, beispielsweise die Vorbereitung eines Hundes auf einen Aufenthalt in einer Hundepension, um ihm das Heimweh zu ersparen.

Chronische Erkrankungen und schon länger bestehende Verhaltensstörungen benötigen eine Dauertherapie, die zwischen 3 Wochen und − in Extremfällen − 1 Jahr dauern kann. Oft ist im Laufe der Behandlung eine Neubestimmung der Blütenkombination nötig, weil viele unterdrückte Symptome durch die Therapie wieder zum Vorschein kommen können und dadurch ebenfalls einer Heilung zugänglich werden.

Angeborene und/oder Störungen der Gesundheit und des Verhaltens werden mit einer Basistherapie behandelt. Bei dieser wird ebenso viel Zeit wie bei der Dauertherapie benötigt. Aber es sind meist weniger verschiedene Essenzen in der Kombination vorhanden; auch ein Wechsel zwischen verschiedenen Kombinationen ist weniger häufig. So zum Beispiel bei dem Basismittel gegen die Angst − Mimulus − es braucht seine Zeit, um ein von Geburt an ängstliches Naturell ins Gleichgewicht zu bringen. Es kann aber sein, daß die Mimulus-Angst, nämlich vor konkreten Gegenständen oder Situationen, sich im Laufe der Therapie in eine Aspen-

Angst verändert. Das Tier hat seine Angst vor bestimmten Dingen überwunden, aber es fürchtet sich nun manchmal ohne ersichtlichen Grund. In einem solchen Fall wird die Behandlung mit Mimulus abgeschlossen und eine Mischung, die Aspen enthält – oder, wenn angebracht –, auch nur Aspen allein, eingesetzt.

In sehr seltenen Fällen ist eine heftige Reaktion auf die erste Eingabe einer Blütenmischung zu beobachten. Crab Apple kann zum Beispiel Durchfall verursachen. Dann kann entweder die Dosierung für kurze Zeit etwas herabgesetzt werden, oder der Kombination werden Notfalltropfen hinzugefügt.

Die Anschaffung eines kompletten Bach-Blütensatzes ist nicht ganz billig. Man kommt allerdings mehrere Jahre damit aus. Ob sich für Sie diese Ausgabe lohnt, oder ob Sie lieber von Fall zu Fall die einzelnen Essenzen in der Apotheke besorgen und sich auf diese Weise mit der Zeit eine Kollektion von Essenzen aufbauen, müssen Sie selbst entscheiden.

Die Bach-Blüten, die Sie käuflich erwerben können, die sogenannten Stock Bottles, sind Konzentrate. Es ist sinnvoll, wenn Sie sich eine Anzahl von 10-, 20-, 50- und 100-Milliliter-Fläschchen besorgen, mit einem Pipetten- oder Tropfereinsatz. Die kleineren Fläschchen werden zur Zubereitung von Mischungen benötigt, die man zur Kurzzeittherapie einsetzt; die größeren Fläschchen dienen zur Bereitung von Mitteln für die Dauer- oder Basistherapie.

Grundsätzlich können Sie sich an dieses Prinzip der Zubereitung halten: Auf 10 Milliliter Wasser kommen je 2 Tropfen von jeder Blütenessenz. Die Notfalltropfen werden als eine Essenz angesehen, aber sie werden in doppelter Konzentration zugefügt. Nehmen wir also an, Sie wollen eine Kombination von 5 Essenzen in einer 20-Milliliterflasche ansetzen. Sie geben dann von jeder Essenz 4 Tropfen in das Fläschchen. Sind die Notfalltropfen dabei, dann brauchen Sie von diesen 8 Tropfen, denn das Fläschchen faßt ja 20, also 2mal 10 Milliliter.

Bereiten Sie ein 100-Milliliter-Fläschchen zu, brauchen Sie

von jedem Mittel 20 Tropfen, von den Notfalltropfen 40. Das ist gewissermaßen das Grundrezept. Diese Aufbereitung ist zur innerlichen Anwendung gedacht. Wenn Sie eine Waschung, ein Bad, eine Einreibung oder einen Verband machen möchten, dann geben Sie pro Liter Wasser 20 Tropfen aus der Stock-Bottle.

Ein Fläschchen mit zubereiteter Notfalltropfenverdünnung sollte immer griffbereit in der Nähe des Tieres untergebracht sein, ein weiteres im Auto oder Handgepäck.

Wird eine Blütenmischung voraussichtlich 2 oder 3 Wochen lang oder kürzere Zeit benutzt, ist es bei der Behandlung von Tieren nicht nötig, diese Lösung zu konservieren. Die Notfalltropfen allerdings, die ja längere Zeit stehen, sollten mit etwa $1/3$ hochprozentigem Alkohol und $2/3$ Wasser angesetzt werden, damit sie sich nicht mit der Zeit in eine Bakterienbrühe verwandeln. Das gleiche gilt auch für Mischungen, die vielleicht monatelang im Einsatz sein werden. Der Alkohol erschwert die Eingabe der Tropfen etwas, weil Tiere im allgemeinen einen sehr gesunden Abscheu vor dem Geruch haben. Nach kurzer Zeit an der Luft verfliegt dieser allerdings.

Sie können Ihrem Tier die aufbereiteten Mittel entweder ins Trinkwasser geben, was aber nur sinnvoll ist, wenn es auch regelmäßig – kontrollierbar – getrunken wird, oder ins Futter geben bzw. auf die Zunge tropfen. Dabei haben Sie die Sicherheit, daß das Tier zur richtigen Zeit die richtige Menge des Mittels bekommt. Außerdem können Sie einen kleinen Leckerbissen damit beträufeln und dann, bei Hund und Katze oft sehr erfolgreich, die Sache regelrecht spannend machen, damit das Tier den Happen auch nimmt.

Die Häufigkeit der Eingabe richtet sich nach der Art der Krankheit. Als Faustregel gilt hier: je akuter die Krankheit, desto häufiger die Einnahme. Einem verunglückten Tier können Sie alle 10–15 Minuten die Notfalltropfen verabreichen, etwa 5 Tropfen.

Bei chronischen Erkrankungen und bei der Behandlung von Verhaltensstörungen geben Sie 1- oder 2mal täglich

5–10 Tropfen. Eine Überdosierung ist für das Tier zwar niemals gefährlich, aber sie nützt auch nichts, denn die Essenzen geben dem kranken Organismus lediglich einen Impuls, eine Information. Wenn Sie sich Gesundheit als eine senkrecht stehende Stange vorstellen, die im Fall einer Störung aus dem Gleichgewicht gerät und zu schwanken beginnt, dann können Sie sich die Wirkung der Bachblüten wie eine zarte Stütze vorstellen, die – bei richtiger Auswahl der Kombination – die Stange an genau den Stellen stützt, wo das Gleichgewicht gestört ist.

Ausschlaggebend für die Wirksamkeit ist die Regelmäßigkeit der Impulse, also der Eingabe des Mittels, nicht die Menge. – Aus einem Text entnehmen Sie Informationen; um sich diese einzuprägen, müssen Sie den Text in bestimmten Abständen immer wieder lesen. Es nützt Ihnen nichts, wenn Sie den Text gleich mehrmals vorliegen haben, denn es steht ja auf jedem Blatt dasselbe. – Soviel zur Verdeutlichung der Wirkungsart der Bach-Blüten.

Wenn es wirklich große Schwierigkeiten macht, ein Tier mit dem nötigen Bach-Blütenmittel zu behandeln, kann die angebrachte Anzahl an Tropfen auch auf den Scheitel geträufelt werden, wobei man mit streichelnden Bewegungen die Flüssigkeit etwas einmassiert. Verblüffenderweise wirken die Mittel hier fast so intensiv wie bei der innerlichen Anwendung.

Die Verwendung von Bach-Blüten bei körperlichen Erkrankungen und Beschwerden

Zucht und Geburt

Damit der Mensch sich an einem gesunden, ausgeglichenen Haustier erfreuen kann, ist es eine grundlegende Voraussetzung, daß solche Tiere gezüchtet werden. Denn die Verfassung der Elterntiere und die Bedingungen, unter denen Tiere zur Welt kommen und aufwachsen, haben einen ausschlaggebenden Einfluß auf die Gesundheit.

Ein Haustierzüchter trägt also eine sehr große Verantwortung, denn die Menschen, die von ihm ein Tier erwerben, leiden ja mit, wenn ihr Liebling erkrankt oder sich und ihnen durch schwere Verhaltensstörungen das Leben schwer macht. Die Kosten, die durch kränkelnde Tiere entstehen, sind oft auch sehr beträchtlich.

Der erste Schritt zur Zucht von gesunden Haustieren ist daher die Auswahl geeigneter Zuchttiere. Als Kriterium muß hier in erster Linie die Gesundheit und Ausgeglichenheit gesehen werden. Ein Rassetier, das gesund ist, aber bezüglich des Standards kleine Fehler in der Farbe oder der Anatomie aufweist, ist immer einem »schönen« Tier mit gesundheitlichen Schäden vorzuziehen.

Aber selbst gesunde Tiere können ihrem Nachwuchs die Anfälligkeit für bestimmte Krankheiten, unter denen vielleicht die Vorfahren litten, vererben. Mit den Bach-Blüten kann man hier sozusagen rückwirkend etwas ausgleichen. Denn vollkommene Tiere dürften ebenso selten sein wie vollkommene Menschen.

Ein Beispiel mag verdeutlichen, wie die Bach-Mittel hier einwirken: Nehmen wir an, der Besitzer einer sehr schönen, gesunden und vom Wesen her sehr guten Hündin möchte von ihr Welpen haben. Er hat auch schon den passenden Rüden ausgewählt. Der einzige Punkt, um den er sich sorgt, ist, daß er von dem Vater seiner Hündin weiß, daß er sehr ängstlich, vor allem aber schußscheu war. Auch wenn seine eigene Hündin keine Spur davon zeigt, befürchtet er doch, daß seine Welpen diesen Mangel aufweisen könnten. Er gibt seiner Hündin also einen Monat lang *Mimulus* und läßt sie dann erst decken.

Das Muttertier ist für die Jungen sehr wichtig, denn es ernährt sie ja während der Tragzeit mit ihrem eigenen Körper. Bei Eierlegern sind die Jungen ganz auf die Sorgfalt und Instinktsicherheit der Mutter, oft auch auf die des Vaters angewiesen.

Die werdende Mutter kann man mit Bach-Blüten sinnvoll unterstützen, wobei die optimale Versorgung mit Futter, Bewegung und so weiter vorausgesetzt wird.

Zunächst einmal kann der Organismus die veränderte Situation besser verkraften, wenn *Walnut* ihn unterstützt. Eine Woche vor dem Deckakt und eine Woche lang danach bekommt das Muttertier also *Walnut,* 2mal täglich.

Die Tragzeit fordert viel Kraft und Durchhaltevermögen. Beides wird dem Körper mit einer Kombination aus *Olive, Hornbeam* und *Elm* je nach Bedarf gegeben.

Gegen Ende der Tragzeit ist wiederum *Walnut* angebracht, weil sich erneut etwas grundlegend ändert, außerdem *Impatiens,* damit die strapazierte Mutter nicht die Geduld verliert und *Mimulus* gegen Ängste vor der Geburt.

Eine bewährte Mischung für den Geburtsvorgang selbst ist: *Scleranthus, Crab Apple, Gentian, Notfalltropfen.*

Scleranthus dient dazu, den Geburtsvorgang einzuleiten, die Entscheidung herbeizuführen, daß es nun wirklich losgeht.

Crab Apple unterstützt die Wehentätigkeit und sorgt dafür, daß auch die Nachgeburt schnell und problemlos kommt, vermindert außerdem die Gefahr von Entzündungen und Fieber bei der Mutter.

Gentian bewirkt, daß das Muttertier den Willen aufbringt, durchzuhalten, bis alle Jungen da sind, und dann noch munter genug zu sein, um sie zu versorgen.

Die *Notfalltropfen* verhüten zu große Schmerzen und Blutungen, sie stabilisieren den Kreislauf und sorgen für einen harmonischen Ablauf, also auch dafür, daß die Milch rechtzeitig einschießt.

Nach der Geburt ist zunächst Schlaf wichtig.

Die Jungen können am 1. Tag mit *Walnut* betupft werden. Die Jungtiere, die nicht ganz so kräftig wirken wie andere, werden zusätzlich mit Hornbeam betupft.

So etwa könnte die vorbeugende Behandlung bei einer normalen Geburt aussehen. Diese Therapie dient als Unterstützung, denn eine Geburt ist ja nicht krankhaft. Wenn aber einem Tier Schmerzen durch die *Notfalltropfen* oder eine völlige Verausgabung erspart bleiben, dann sollte diese Möglichkeit genutzt werden.

Treten Komplikationen auf, müssen Sie genau abwägen, ob Sie es verantworten können, selbst mit den Bach-Blüten zu behandeln, oder, ob Sie einen Tierarzt zu Rate ziehen müssen. Die Störungen, bei denen sich eine private Behandlung vertreten läßt, sind:

- Die Wehen kommen erst kräftig, lassen dann aber nach und hören ganz auf. (Bei Vögeln ist das der Zustand der Legenot.) Alle 15 Minuten sollte *Larch* und *Olive* gegeben werden, wie immer jeweils 5–10 Tropfen. Hat sich nach 2 Stunden der Zustand nicht geändert, muß der Tierarzt geholt werden.

- Einige Jungtiere werden recht flott nacheinander geboren, dann geschieht nichts mehr, obwohl sicher noch Junge im Leib der Mutter sind. Hier ist *Agrimony* und *Chicory* angebracht. Zu bedenken ist aber, daß Hunde und Katzen nach einigen Jungtieren oft eine Pause, vielleicht ein kleines Schläfchen einlegen, bevor sie mit dem Gebären fortfahren.

- Die gerade geborenen Jungtiere werden ignoriert, so daß der Mensch eingreifen muß, um sie aus den Hüllen zu befreien und abzunabeln. Der Mutter sollte schleunigst *Water Violet* gegeben werden, damit sie ihre Muttergefühle entfalten kann.

- Das Muttertier ist unsicher und weiß nicht genau, was sie mit ihren Neugeborenen anfangen muß und gerät vielleicht sogar in Panik: *Wild Oat, Impatiens* und *Cerato*.
- Das Muttertier ist aggressiv gegen seine Jungen: *Holly* und *Willow*.
- Die Mutter gönnt sich und den Neugeborenen keine Ruhe, ist ganz aus dem Häuschen, umsorgt die Kleinen pausenlos, zeigt gar keine Gelassenheit: *Red Chestnut* und *Aspen*.

Jugendzeit

Die Geburt ist die erste schwierige Phase im Leben eines Tieres und weitere Entwicklungsabschnitte folgen nach:
Die Umstellung von der Muttermilch auf feste Nahrung; das Zahnen beziehungsweise das Flüggewerden, das Selbständigwerden und die Geschlechtsreife. Und schnell kommt auch der Zeitpunkt, an dem das Jungtier den Besitzer wechselt und sich in völlig anderen Verhältnissen zurechtfinden muß.
Alle diese Änderungen der Lebenssituation werden dem Tier durch *Walnut* oder *Wild Oat* erleichtert. Ist ein Tier recht lebhaft, temperamentvoll, neugierig und unternehmungslustig, dann kommt eher *Wild Oat* in Frage; ist es dagegen eher ruhig, zurückhaltend und leicht beeindruckbar, sollte es in solchen Lebensphasen besser *Walnut* bekommen. Meist reicht eine Behandlung, die nur wenige Tage dauert, 3mal täglich 5–10 Tropfen.
Mit den wenigsten Haustieren wird – von gelegentlichem Nachwuchs einmal abgesehen – regelmäßig gezüchtet. Daher treten häufig Probleme mit dem Fortpflanzungsverhalten unserer Haustiere auf. Übersteigerte Triebe können mit folgender Kombination behandelt werden:

Chestnut Bud gegen das zwanghafte Wiederholen einer Handlung;

Heather gegen den Drang, immer im Mittelpunkt stehen zu müssen;

Vine gegen den Starrsinn und die Sturheit;

White Chestnut gegen das Fixiert-Sein auf einen einzigen Punkt.

Diese Therapie wird für die Dauer eines Monats durchgeführt. Danach müssen eventuell neue Bach-Blüten bestimmt werden, weil vielleicht bisher verdrängte Verhaltensweisen ans Licht gekommen sind.

Alter und Sterben

Mit dem Altern und dem Tod eines Haustieres umzugehen, fällt den meisten Tierfreunden sehr schwer. Gerade die Hilflosigkeit, mit der der Mensch vor seinem alten oder sterbenden Tier steht, ist schwer zu ertragen. Mit den Bach-Blüten hat er die Möglichkeit, sein Tier zu unterstützen und ihm Alter und Tod zu erleichtern.

Die vorzeitige Vergreisung kann behandelt werden mit:

Cerato für Selbstvertrauen;

Clematis für Interesse an der Umgebung;

Olive führt neue Kräfte zu;

Wild Rose gibt neuen Antrieb, neue Impulse;

Willow gibt Entspannung und löst Verbitterung auf.

Wenn Sie sich dazu entschließen, Ihr Tier nicht einschläfern, sondern es den Zeitpunkt seines Todes selbst bestimmen zu lassen, können Sie ihm mit einer Blütenkombination helfen, einen friedlichen Tod zu erleben. Bei unserer gegenwärtigen Einstellung zum Tod kann das auch für Sie eine Erfahrung werden, die Ihnen eine neue Einstellung zum Tod ermöglicht.

Beschleicht Sie ein bedrückendes, unangenehmes Gefühl, wenn Sie diesen Absatz lesen? Das liegt daran, daß in unserer Gesellschaft die Themen »Tod« und »Sterben« mit einem

Tabu belegt sind. Wir wachsen mit der Vorstellung auf, daß alte und sterbende Menschen abgesondert werden, daß man Trauernden gegenüber die Erwähnung von Tod oder Sterben vermeidet, wir sind unsicher wie man mit Menschen umgeht, die gerade einen Angehörigen verloren haben.

Diese Verdrängungsmechanismen bewirken, daß wir in Angst und Schrecken bei dem Gedanken geraten, das Sterben eines Menschen oder eines geliebten Tieres miterleben zu müssen. Wir bringen das Tier lieber weg, meist unter dem Vorwand, daß es schrecklich leidet und »erlöst« werden müßte. Das kann zwar vorkommen, aber sehr oft werden die Tiere im Endstadium einer Krankheit ruhig und schmerzfrei und genießen die Gegenwart ihres menschlichen Freundes. Aus folgenden Blüten können Sie eine Mischung zusammenstellen, die Ihrem Tier beim Sterben hilft. Die Bach-Blüten können übrigens niemals den Tod »herbeiführen«, wenn eine Gesundung noch möglich wäre. Im Gegenteil: So manches Tier hat sich durch eine »Sterbehilfe-Mischung« überraschenderweise wieder erholt und noch eine geraume Zeit beschwerdefrei gelebt.

Notfalltropfen harmonisieren, nehmen die Schmerzen und die Angst;

Walnut und *Willow* bewirken eine gewisse Geschmeidigkeit des ganzen Wesens, so daß die Entscheidung für den Tod oder das Leben in Freiheit ohne Zwänge getroffen werden kann;

Oak bewirkt Entspannung und inneren Frieden bei Tieren, die immer alles daransetzen, ihren Willen durchzusetzen, und die nun mit aller Kraft gegen das Sterben kämpfen.

Haut, Haarkleid und Federn

Der Befall mit äußerlichen Parasiten wird mit geeigneten Mitteln, vorzugsweise aus der Naturheilkunde, behandelt. Durch die fortgesetzte chemische Bekämpfung von Flöhen, Läusen, Haarlingen, Räudemilben und so weiter sind seit einigen Jahren giftresistente Stämme verbreitet, also Ungeziferpopulationen, denen die üblichen Gifte nicht mehr schaden. Die chemische Industrie entwickelt laufend neue, stärkere Gifte, um diesen Schädlingen wiederum etwas entgegensetzen zu können. Literaturhinweise zu diesem Thema finden Sie im Anhang (S. 118 f.).

Unterstützend wirkt immer die Behandlung mit *Crab Apple*, sowohl innerlich angewendet als auch für äußerliche Waschungen.

Agrimony und *Hornbeam* regen mangelhaftes Wachstum von Fell oder Federn an.

Es sollte auf jeden Fall die Fütterung und die Haltung überprüft werden.

Juckreiz ohne ersichtliche Ursache sowie entzündete Hautstellen erfordern:

Impatiens und *Crab Apple;* zusätzlich *Vine,* wenn der Juckreiz ein Ausdruck für Frustrationen sein könnte.

Ausschläge, Pusteln, Ekzeme

Federn und Fell werden großzügig von den betroffenen Bezirken entfernt.

Mit *Notfallcreme* werden die erkrankten Hautstellen morgens und abends bestrichen. Es muß nach Möglichkeit verhindert werden, daß das Tier durch Belecken und Benagen noch für zusätzliche Reizung sorgt. Innerlich hilft:

Scleranthus, White Chestnut, Crab Apple und Holly.

Auch hier muß die Fütterung überprüft und gegebenenfalls auf natürliche Lebensmittel umgestellt werden. Eine gesunde, aktive Leber ist bestrebt, die Giftstoffe, die nicht mit Kot oder Urin ausgeschieden werden können, durch die Haut oder durch Absonderungen aus Nase, Ohren und Augen aus dem Körper zu befördern. Deswegen besteht häufig ein Zusammenhang zwischen einer ungünstigen Futterzusammenstellung und Hauterkrankungen.

Sinnesorgane

Alle Beeinträchtigungen der Sinnesorgane (Augen, Gehör, Geruchs- und Geschmackssinn, Tastsinn) können im Zusammenhang mit einer grundsätzlichen Lebensangst und dem Absondern von der Gemeinschaft gesehen werden. Denn die Sinnesorgane sind die Orte, die die Außenwelt mit der Innenwelt verbinden und den Austausch, die Kommunikation ermöglichen. Bei einer Erkrankung sollte man möglichst früh mit einer Dauertherapie beginnen aus:
Water Violet, Agrimony und *Aspen.*

Muskeln, Sehnen, Knochen

Die Krankheiten des Bewegungsapparates können als Ursache Verletzungen, degenerative oder entzündliche Vorgänge haben. Hier drückt sich eine gewisse Schwäche aus, vielleicht auch ein Protest gegen nicht zu er*tragende* Haltungsbedingungen. In Frage kommen hier:
Hornbeam, Elm, Olive. Sie alle dienen der Anregung der Lebensgeister und der Zufuhr neuer Kräfte.
Außerdem:
Willow gegen Verbitterung, *Oak* als Hilfe bei der Anpassung und *White Chestnut*, das neue Möglichkeiten der Ausdrucksfähigkeit zuläßt.

Verdauungsorgane

Die Verdauungsorgane stehen im Zusammenhang mit der Fähigkeit, Erlebnisse und Erfahrungen zu verarbeiten und sie zu integrieren.
Probleme mit den Verdauungsorganen werden also behandelt mit:
Beech, Chestnut Bud, Crab Apple, Rock Water, Water Violet.

Atmungsorgane

Die Atmungsorgane und die Entwicklung und Entfaltung eines Lebewesens haben eine enge Beziehung zueinander. Daher kommen bei Erkrankungen von Kehlkopf, Bronchien und Lunge in Frage:
White Chestnut, Wild Oat, Rock Water, Oak, Gentian und *Gorse.*

Herz und Kreislauf

Wer Begriffe im tieferen Sinn verstehen kann und seine Assoziationen wahrnimmt, sieht unschwer die Zusammenhänge: Herz hat etwas mit »herzlich« zu tun, mit der Fähigkeit, zu lieben und Liebe zu empfangen. Und so, wie wir dank unseres Kreislaufs existieren, der für ständige Erneuerung unseres Organismus sorgt, so sind wir selbst auch Teil eines Kreislaufs, ein Teil des ewigen Werdens und Vergehens. Krankheiten, die Herz und Kreislauf betreffen, drücken also gleichzeitig Schwierigkeiten mit dem Lebenssinn aus, mit Geben und Nehmen, mit dem Vertrauen in den Sinn der Gesetzmäßigkeiten von Geburt und Tod. Alle diese Empfindungen einem Tier »ohne Seele und Verstand« zuzusprechen, klingt zunächst abstrus und unwahrscheinlich. Eine Mischung aus den folgenden Essenzen wird jedoch auf Herz- und Kreislauferkrankungen einen sehr positiven Einfluß haben:
Mustard, Elm, Aspen und *Wild Rose.*

Geschlechtsorgane

Die Erkrankungen, die die Geschlechtsorgane betreffen, haben sehr viel mit dem Selbstausdruck zu tun, und zwar im Hinblick auf die tiefe Wahrheit, daß »alles aufeinander wirkt«. Die natürliche Fortpflanzung, die Vermehrungsrate jeder Tierart ist ganz fein auf die Gegebenheiten der Umwelt abgestellt. Die Beutetierfresser können sich nur in dem Maß vermehren, in dem sie satt werden. Sinkt die Anzahl der Beutetiere, dann muß der Überschuß an Beutetierfressern entweder verhungern, oder aber die Vermehrungsrate sinkt. Pflanzenfresser mindern ihre Vermehrungsrate, wenn das Nahrungsangebot zurückgeht, oder aber, wenn sie durch ein Übermaß an Gefahren, zum Beispiel eben durch zu viele Beutetierfresser, unter Dauerstreß und chronischer Beunruhigung stehen.

Unter der Obhut des Menschen können die Haustiere diesen Gesetzmäßigkeiten nicht mehr folgen. Daher können Erkrankungen der Fortpflanzungsorgane unter dem Aspekt der Entfremdung von den natürlichen Gesetzmäßigkeiten, von den Instinkten und von der Selbstbestimmung gesehen werden, alles Faktoren, die die Haustierwerdung, die Domestikation, mit sich bringt. (Dem Menschen geht es übrigens genauso!) Hier kommen also Bach-Blüten in Betracht, die einerseits das Akzeptieren der Umstände ermöglichen und die andererseits eine »Rückbesinnung« auf die angeborenen Eigenheiten und Instinkte möglich machen:

Agrimony, Beech, Hornbeam, White Chestnut und *Walnut.*

Entzündungen und Degeneration

Krankheiten nehmen meist entweder einen *entzündlichen* oder einen *degenerativen* Verlauf:

Von einer *Entzündung* sprechen wir, wenn ein Körperteil rot, heiß, geschwollen und schmerzhaft erscheint. Hier laufen die Stoffwechselvorgänge beschleunigt ab, die vorhandene Vitalität konzentriert sich in diesem Gebiet.

Eine Entzündung stellt eine Heilungsmaßnahme des Körpers dar. Der Organismus bemüht sich, durch Erhöhung der Temperatur Erreger abzutöten, die dabei entstehenden Giftstoffe durch vermehrte Blutzirkulation abzutransportieren und das Bewußtsein des Lebewesens zur Schonung dieses

Körperteils zu mahnen, was durch die Schmerzhaftigkeit erreicht wird.

Kritisch wird die Situation, wenn diese Maßnahmen des Körpers immer weiter verstärkt werden müssen, weil die Erreger sich als besonders robust erweisen. Dann kann beispielsweise das Fieber so ansteigen, daß es das Leben des Tieres gefährdet. Grundsätzlich hilfreich bei entzündlichen Vorgängen sind:

Notfalltropfen, Impatiens und *Holly.*

Diese Zusammenstellung sorgt dafür, daß die Heilreaktionen nicht so stark werden, daß sie das Leben des Tieres gefährden und trotzdem so durchschlagend wirken, daß sie ihren Zweck erfüllen.

Das Gegenteil der Entzündungsreaktion ist die *Degeneration*, das allmähliche Verkümmern des kranken Gewebes. Die Blutzufuhr ist vermindert, daher wird die Nährstoffzufuhr dort immer mangelhafter, Giftstoffe können sich ablagern, was wiederum die Durchblutung weiter verschlechtert und für eine allmähliche Zerstörung der erkrankten Organe sorgt. Wo also bei der Entzündung gedämpft werden muß, wird bei degenerativen Erkrankungen eine Anregung und Verstärkung notwendig. Hier sind also folgende Essenzen angebracht:

Clematis, Gentian, Larch und *Gorse.*

Welche Bach-Blüten sind die richtigen?

Die angeführten Blütenessenzen bei den Erkrankungen der einzelnen Organsysteme verstehen sich nur als allgemeine Anhaltspunkte. Sie müssen »individualisiert« werden, das heißt, Sie können aus dem Beschreibungsteil »Die heilenden Blüten« genau die Essenzen heraussuchen, die Ihnen für Ihr Tier geeignet erscheinen.

Ein besonders sensibles, leicht beeindruckbares Tier benötigt wahrscheinlich eine etwas andere Blütenkombination als ein robustes, vom Wesen her eher dickhäutiges Tier, auch wenn beide dieselbe Krankheit bekommen.

Die 38 Heiler, wie Dr. Bach seine Blütenessenzen einmal nannte, erlauben eine genau auf das Wesen eines Tieres abgestimmte Mischung.

Der Vollständigkeit halber sei noch auf Verfahren zur Mittelfindung hingewiesen, die sich in der Menschenheilkunde bei sehr feinfühligen, sogenannten »sensitiven« Bach-Blüten-Spezialisten bewährt haben:

Dabei wird davon ausgegangen, daß jedes Lebewesen und die unbelebte Materie in der Natur eine Schwingung aussenden, die auf die Schwingungen der gesamten Umwelt einwirkt. Diese Wechselbeziehung kann einen positiven, neutralen oder negativen Effekt ausüben. Es gibt verschiedene Methoden, diese Schwingungen oder wenigstens ihre Auswirkungen sichtbar zu machen. Dazu gehört beispielsweise die Handhabung von Wünschelrute und Pendel. Eine andere Möglichkeit ist das »spontane Greifen« der Fläschchen:

Der gesamte Satz an Bach-Blütenessenzen in den Stock Bottles wird aufgestellt. Mit einer Hand berühren Sie Ihr krankes Haustier, mit der anderen Hand greifen Sie, ohne lange zu überlegen oder hinzusehen, zwischen 3 und 6 Fläschchen heraus. Diese sind als Heilmittel angebracht.

Auch hierbei wird davon ausgegangen, daß Ihre Intuition in der Lage ist, die Schwingungen der Essenzen und die Schwingung Ihres Tieres wahrzunehmen und zu vergleichen.

Die Hauptschwierigkeit dieser Methoden liegt darin, daß wir so erzogen werden, daß es uns fast unmöglich wird, Vertrauen zu solch »suspekten« Methoden zu bekommen. Daher sollten Sie, wenn Sie diese Methoden ablehnen, bei der Mittelbestimmung für Ihr Tier nach dem altvertrauten Muster vorgehen, daß Sie es untersuchen, beziehungsweise genau beobachten und dann nach Ihren Eindrücken die Essenzen heraussuchen, die Ihnen angebracht erscheinen und außerdem einen Tierarzt hinzuziehen, wenn Sie es für nötig halten.

Die Behandlung von Verhaltensstörungen

Die Bach-Blüten helfen einem verhaltensgestörten Tier auf eine ganz besondere Art und Weise: Die Symptome werden nicht unterdrückt, sondern das ganze Wesen des Tieres wird sanft harmonisiert. Die Wirkung der Essenzen ist immer nur so intensiv, wie das Tier es vertragen kann; es bestimmt selbst, in welchem Tempo es wieder ins Gleichgewicht kommen muß. Bei der Bach-Blütentherapie wird davon ausgegangen, daß jedes Lebewesen in sich den Drang zur Weiterentwicklung in Richtung Gesundheit, Lebensfreude und Vitalität trägt. Wird diese Energie durch äußere Umstände oder negative Erbanlagen verformt, kommt es zur Krankheit und zu Verhaltensstörungen.

Bach-Blüten können die Lebenskraft wieder in die Richtung lenken, die für das jeweilige Lebewesen die positivste ist. Um zu beurteilen, was eine Verhaltensstörung ist, sollte nicht von einer Norm ausgegangen werden, an der alle Tiere einer Art gemessen werden, − und jede Abweichung davon ist dann ein Fehlverhalten −, sondern der einzige Maßstab sollte der der Lebensfreude, Ausgeglichenheit und Freiheit von Leiden sein, was wiederum von der Individualität jedes Tieres abhängt.

Ein Beispiel wird das verdeutlichen: Papageien gelten allgemein als relativ lautstarke Tiere. Aber auch unter ihnen gibt es besonders stimmfreudige Exemplare. Einige Papageien geben regelmäßig bei Sonnenauf- und -untergang ein großes Konzert: Ausdruck der Lebensfreude und des Gefühls für den Rhythmus der Zeit. Auch wenn der Besitzer solcher Papageien sich gestört fühlt, vielleicht sogar Ärger mit den

Nachbarn deswegen hat: Es handelt sich nicht um ein gestörtes Verhalten, sondern um einen Aspekt der Papageienhaltung, der vor der Anschaffung bedacht werden muß.

Aber unter den Papageien gibt es auch die sogenannten Schreier: Meist sind das Tiere in Einzelhaltung, die gelernt haben, daß langandauerndes Schreien mit voller Kraft ihnen ein wenig Erleichterung in ihrer Einsamkeit und Frustration verschafft; das neurotische Schreien kann ebenso wie das Federrupfen Suchtcharakter annehmen. Daher sind notorische Schreier nicht automatisch ruhig, wenn sie einen Artgenossen bekommen. Diese Art der Lautäußerung ist eine schwere Verhaltensstörung und kann von einer sorgfältig zusammengestellten Bach-Blütenmischung heilsam beeinflußt werden.

Hier folgt nun eine alphabetisch geordnete Aufzählung allgemein vorkommender Verhaltensstörungen mit den in Frage kommenden Blütenessenzen.

Ängste

Agrimony für zurückhaltende Tiere, die sehr schüchtern sind und nur schwer Vertrauen fassen.

Aspen für Tiere mit einem allgemein ängstlichen Naturell, meist von Geburt an, das aber auch im Lauf der Zeit entstanden und immer schlimmer geworden sein kann.

Mimulus für Tiere, die vor bestimmten Gegenständen, Situationen oder Menschen in Angst geraten.

Rock Rose für Tiere, die vor Angst in Panik oder Schock geraten.

Sweet Chestnut für Tiere, die so viel durchlitten haben, daß sie nicht mehr ansprechbar sind, sondern in einem permanenten Zustand schrecklicher Angst leben.

Wild Rose, wenn die Angst in eine Hoffnungslosigkeit übergegangen ist, wenn der Lebenswille erloschen scheint, das Tier sich nicht einmal mehr zur Wehr setzt.

Apathie

Apathie kann verschiedene Ursachen haben.

Wild Rose, wenn die Ursache so lange erlittene Angst ist, daß der Lebenswille erschöpft scheint.

Star of Bethlehem, wenn die Apathie auf einen schweren Schockzustand folgt, zur Kreislaufunterstützung; auch nach schweren Verletzungen.

Clematis, wenn man den Eindruck hat, ein Tier sei nicht ganz bei sich. Auch für Tiere, die den ganzen Tag dösen und denen es an Vitalität und Lebensfreude fehlt.

Gorse für Tiere, die einen wichtigen Lebensinhalt verloren haben oder keiner angemessenen Betätigung nachgehen können und daher kein großes Interesse an ihrem Leben aufbringen.

Olive für Tiere, die während oder nach einer schweren körperlichen Krankheit so viel Kraft aufbieten müssen, daß sie einen total erschöpften Eindruck machen.

Honeysuckle für Tiere, die sich in einer neuen Umgebung nicht einleben und der Vergangenheit nachtrauern.

Hornbeam gibt alternden und greisen Tieren oft neue Frische und Kraft.

Bösartigkeit

Beech, wenn ein Tier sehr intolerant ist und alle zwingen will, sich seinem Willen zu beugen.

Holly, wenn Anfälle von Angriffslust und Aggressionen ganz plötzlich und sehr heftig einsetzen, mit ersichtlicher Ursache oder aus heiterem Himmel. Versuchsweise bei der Cocker-Wut.

Vervain für Tiere, die immer den Anführer mimen müssen und alle bestrafen, die sich ihnen widersetzen.

Water Violet für die »Unnahbaren«, die heftig alle verscheuchen, die es wagen, ihnen zu nahe zu kommen.

Das sogenannte Angstbeißen bei Hunden ist eine Verhaltensstörung, die auf einem grundlegenden Mangel an Selbstsicherheit beruht. Ein relativ unausgeglichenes Wesen, eine niedrige Reizschwelle und eine Portion Aggressivität ist ebenfalls im Wesen des Hundes verankert. Diese Mischung an Eigenheiten führt dazu, daß ein so gearteter Hund sich aggressiv gegen Menschen und Artgenossen verhält, weil er Angst hat, von diesen angegriffen zu werden und sich dann wehren zu müssen. Er greift lieber selbst an, vorsorglich, in der Hoffnung, den »Feind« damit in die Flucht schlagen zu können, und um nicht in die Defensive zu geraten.

Dieses Verhalten kann nicht nur ausgesprochen gefährlich für die Umwelt werden, sondern ein solcher Hund leidet ja auch ständig unter den eingebildeten Gefahren; außerdem zeigt das Angstbeißen eine Tendenz, sich ständig zu verschlimmern. Rechtzeitig begonnen, kann folgende Kombination diese Veranlagung allmählich in ein ausgeglichenes Wesen verwandeln:

Holly, Impatiens, White Chestnut und *Cerato*.

Depressionen

Walnut für Tiere, die Schwierigkeiten haben, eine neue Umgebung zu akzeptieren, die um Verlorenes trauern; sinnvoll von *Honeysuckle* ergänzt.

Elm für ansonsten recht ausgeglichene und vitale Tiere, die ein momentanes Stimmungstief durchmachen; auch, um zu verhindern, daß diese niedergedrückte Stimmung sich festsetzen kann.

Mustard, wenn ein Tier ohne äußeren ersichtlichen Grund die Lebensfreude verliert und einen völlig niedergeschlagenen Eindruck macht. Manchmal ist dann eine Infektionskrankheit im Entstehen, manchmal kommt ein Wetterumschwung; auf jeden Fall macht das Tier den Eindruck, daß es sich absolut nicht wohlfühlt. Ist nach 2 bis 3 Tagen nach Beginn der Behandlung mit Mustard dieser Zustand nicht überwunden, sollte ein Tierarzt/Tierheilpraktiker aufgesucht werden, um sicherzustellen, daß nicht eine ernste organische Ursache (z. B. Darmverschluß durch einen verschluckten Fremdkörper) der Grund ist.

Pine für Tiere, die so wenig Selbstvertrauen haben und so stark beeindruckbar sind, daß sie schon von einem scharfen Blick oder einigen Worten in erhobener Stimme ganz niedergedrückt sind, sich zurückziehen und stundenlang verschwunden bleiben.

Willow, wenn das Tier dann nicht ängstlich und traurig ist (also nach einer Strafpredigt), sondern regelrecht schmollt und übelnimmt.

Eifersucht

Eifersucht hat als Ursache eine sehr tiefgehende Angst vor dem Verlust eines Menschen und seiner Zuneigung, zusammen mit einem ausgeprägten Trieb, immer im Mittelpunkt des Geschehens zu stehen.

Daher spricht ein eifersüchtiges Tier gut an auf eine Behandlung mit einer Kombination aus:

Holly, Mimulus und *Heather.*

Eigensinn

Tatsächlich gibt es Tiere, die sich durch eine erstaunliche Sturheit auszeichnen. Ein solcher Hund widersetzt sich allen, auch profimäßig durchgeführten Erziehungsversuchen (und sei es auch nur in bestimmten Punkten). Eine solche Katze besteht auf bestimmten Privilegien und macht ihrem Besitzer das Leben zur Hölle, wenn sie nicht bekommt, was sie will. In manchen Fällen ist auch die Intelligenz nicht ausreichend entwickelt, so daß das Tier einfach keinen Zusammenhang zwischen seinem Verhalten und einer Bestrafung sehen kann.

Trifft das zu, ist *White Chestnut* angebracht.

Clematis macht ein Tier interessiert und zugänglich.

Oak bringt den verbissenen Willen ins Gleichgewicht.

Vine hilft dem Tier, sich auf die Bedürfnisse der anderen Lebewesen in seiner Umgebung einstellen zu können und nicht ausschließlich sich selbst zu beachten.

White Chestnut schließlich hilft, die eingefahrenen Verhaltensweisen wieder flexibel und einer Änderung zugänglich zu machen.

Impatiens ist sinnvoll, wenn ein Tier so hektisch und unter Hochspannung ist, daß es einfach nicht die Ruhe findet, seinem Besitzer Beachtung zu schenken, wenn er etwas von ihm will.

Chestnut Bud erhöht die Konzentrationsfähigkeit.

Einzelgängertum

Tiere, die von ihrer natürlichen Veranlagung her sozial leben, wie etwa Papageien oder Wellensittiche, wobei das Zusammenleben von bestimmten Verhaltensweisen geregelt wird, können sehr leiden, wenn sie einzeln gehalten werden und der Mensch, zum Beispiel aus zeitlichen Gründen, keinen annehmbaren Ersatz für das Tier bilden kann.

Aber es gibt auch Tiere, die eigentlich sozial leben sollten, aber nicht fähig sind, Kontakt mit anderen Lebewesen aufzunehmen. Solche Tiere leiden unter der selbstauferlegten Isolation, können aber aus eigener Kraft die Distanz zu anderen nicht überwinden.

Ihnen hilft *Water Violet*.

Da meist auch tiefe, aber unbewußte Ängste mit im Spiel sind, sollte auch *Aspen* gegeben werden.

Larch stärkt das Selbstvertrauen, so daß das Tier befähigt wird, wohlwollend mit anderen umzugehen.

Futterneid

Tiere, die ausgesprochen futterneidisch sind oder ihr Futter übertrieben verteidigen, können, beispielsweise in einer Familie mit Kindern, zu einer untragbaren Gefahr werden; auch wenn man natürlich grundsätzlich ein Tier in Ruhe und störungsfrei fressen lassen sollte. Aber auch, wenn mehrere Tiere einer Art gehalten werden und es ständig zu Streitereien ums Futter kommt, ist das für alle Beteiligten unangenehm. Manchmal entwickelt sich diese Futtergier, wenn ein Tier als Junges nur mangelhaft ernährt wurde oder sich sein Futter mit List oder Gewalt verschaffen mußte und trotzdem nicht genug bekam. Dann ist die eigentliche Ursache die tiefe Angst vor dem Verhungern, die so festsitzt, daß sie auch dann fortbesteht, wenn ständig genug Nahrung vorhanden ist.

Dann sollte eine Therapie mit *Mimulus* und *Aspen* durchgeführt werden.

Dient die übertriebene Futtergier oder der Futterneid dazu, Frustrationen auf anderen Gebieten auszudrücken, zum Beispiel Mangel an sinnvoller Beschäftigung, dann müßte natürlich erst die Ursache, soweit möglich, abgestellt werden. Aber es gibt auch zwanghaftes Fressen, das Suchtcharakter angenommen hat und auch bleibt, wenn der Grund dafür gar nicht mehr vorhanden ist.

Dann hilft:

White Chestnut gegen die Zwanghaftigkeit,
Holly gegen die aggressiven Tendenzen,
Oak gegen den übersteigerten Willen,
Cherry Plum gegen die Verzweiflung, die sich in diesem Verhalten ausdrückt.

Heimweh

Das Heimweh als Verhaltensstörung ist schon einige Male erwähnt worden, und das mit gutem Grund: Für unsere

Haustiere gibt es, anders als für uns Menschen, so gut wie keine Selbstbestimmung, was ihren Aufenthaltsort und ihre Umwelt betrifft. Sie müssen die Umstände annehmen, wie sie kommen, sie werden aus ihrer Heimat herausgerissen und in eine völlig fremde Welt gesetzt, von der Willkür ihrer Besitzer bestimmt.

Einem Tier kann man aber nicht erklären, warum man sich von ihm trennen muß, oder daß sein Besitzer gestorben ist. Es muß sich fügen und leidet unter Umständen unter schweren Ängsten, Verzweiflung, Trauer, Heimweh, Verlust. Jeder Tierfreund sollte sich diese Tatsachen deutlich vor Augen führen, noch bevor er ein Tier zu sich nimmt. Er sollte so verantwortungsvoll sein, es nur dann bei sich aufzunehmen, wenn er nach gründlicher Prüfung der Umstände mit gutem Gewissen davon ausgehen kann, das Tier auch behalten − und gut halten! − zu können, solange es lebt.

Cherry Plum hilft dem Tier, das »wahnsinnig vor Angst« wirkt, das möglicherweise während des Transports Schreckliches mitgemacht hat und völlig verstört bei seinem neuen Besitzer ankommt.

Clematis dient dazu, das Tier aufgeschlossen für seine neue Umgebung zu machen und es für den neuen Menschen zu interessieren, so daß das Zurückgelassene relativ schnell verblaßt und an Bedeutung verliert.

Honeysuckle hilft bei der Überwindung des Heimwehs, der Trauer um das, was unwiderruflich Vergangenheit ist.

Hornbeam schenkt die Kraft, die das Umgewöhnen erfordert und *Scleranthus* unterstützt die Entscheidung, sich auf das Neue einzulassen.

Walnut hilft beim Übergang.

Willow dient dazu, einer vielleicht möglichen Verbitterung vorzubeugen.

Ein mitfühlender Tierhalter, besonders ein Tierzüchter, kann auch vorbeugend seinem Tier helfen, sich besser in der neuen Umgebung einzuleben. Er gibt einige Tage lang *Notfalltropfen* und *Walnut*, was in der neuen Umgebung noch für einige Tage weitergeführt wird.

Launen

Launenhaftigkeit erschwert oft das Zusammenleben von Tier und Mensch. Ein Tier, das unberechenbar ist oder dessen Stimmung ständig umschlägt, ist kaum einzuschätzen oder zufriedenzustellen. Auch Tiere, die übertrieben wählerisch und nörgelig mit ihrem Futter sind, können zur rechten Plage werden – auch ist es ärgerlich, wenn jeden Tag gutes Futter in den Mülleimer wandert.

In diesem Fall sollte zunächst abgeklärt werden, ob es sich um eine organisch bedingte Appetitstörung handelt. In dem Fall muß diese natürlich vorrangig behandelt werden. Ansonsten empfiehlt sich:

Scleranthus gegen die Unentschiedenheit:

Wild Oat, wenn zuviel Tatendrang keine rechte Linie findet und das Tier permanent unzufrieden macht:

Impatiens, wenn das Tier sprunghaft seine Stimmung ändert und sich durch ständige Übererregung selbst unter Streß stellt:

Hornbeam zur Stärkung der Lebensfreude und gegen ständige Unzufriedenheit.

Mißtrauen

Tiere, die mit einem ausgesprochen mißtrauischen Naturell geboren werden, gibt es ebenso wie Tiere, die nach einer oder mehreren schlechten Erfahrungen alle Zutraulichkeit verloren haben.

Da Ängste eine ebenso große Rolle spielen wie Aggressionen und Verbitterung, ist die passende Zusammenstellung:

Holly, Mimulus und *Willow*.

Im Lauf der Therapie mit dieser Kombination gewinnt ein Tier wieder Zutrauen und Gelassenheit, wird aber auch so stabilisiert, daß eine neuerliche schlechte Erfahrung es nicht so stark beeindrucken kann, daß es wieder zu einem Rückfall kommt.

Nervosität

Ein Tier, das unter Nervosität leidet, ist sich selbst eine ebenso große Last wie seinen Besitzern. Es sollte durch den Tierarzt/Tierheilpraktiker vorab geklärt werden, ob eine organische Ursache vorliegt, zum Beispiel eine Schilddrüsenüberfunktion. Diese sollte natürlich vorrangig behandelt werden. Solche eindeutigen Ursachen sind aber relativ selten. Viel häufiger sind schlechte Erfahrungen in der Jugendzeit eines Tieres oder eine entsprechende erbliche Veranlagung der Grund für krankhaft nervöses Verhalten.

Als Basismittel wird natürlich *Impatiens* eingesetzt.

Je nach der in Frage kommenden Ursache sind als Ergänzungsmittel sinnvoll:

Aspen und *Mimulus*, wenn tiefgehende Ängste im Spiel sind;

Holly, wenn die Nervosität aggressive Züge aufweist;

Heather, wenn die Nervosität vor allem auftritt, wenn dem Tier Aufmerksamkeit verweigert wird;

Crab Apple, wenn das Tier generell zu empfindlich gegen jeden äußeren Einfluß ist;

Scleranthus kommt in Frage, wenn die Unentschiedenheit im Vordergrund steht, es wird sehr gut von *Wild Oat* ergänzt.

Reizbarkeit

Reizbarkeit ist die übertriebene, aggressive Reaktion auf einen äußeren Reiz. Im Gegensatz zur Bösartigkeit, die auch »aus heiterem Himmel« auftreten kann, läßt sich ein reizbares Tier recht gut einschätzen. Dennoch sind diese Tiere gerade in Familien mit Kindern eine Gefahr, da ihnen nur schwer begreiflich zu machen ist, daß sie auch dann von einem Tier angegriffen werden könnten, wenn sie es doch nur gut meinten, beispielsweise eine Katze streicheln wollen, die gerade ihre Ruhe haben möchte, oder einem fressenden Hund noch einen Brocken in die Futterschüssel geben möchten.

Ein wichtiges Ziel in der Haustierzucht sollte daher eine möglichst hohe Reizschwelle sein, also eine besonders gut ausgeprägte Geduld, Langmut und Gutmütigkeit.

Reizbare Tiere haben einen eher instabilen Charakter. Oft spielen Ängste und frühere schlechte Erfahrungen eine Rolle, aber auch Ranggelüste können dazu beitragen: Ein Hund, der das starke Bedürfnis hat, den Rudelführer zu spielen, aber bei den Erwachsenen der Familie nicht damit durchkommt, könnte jede Gelegenheit nutzen, um wenigstens den Kindern zu zeigen, daß er über ihnen steht.

Die angebrachten Essenzen:

Holly gegen Aggressionen,

Vine gegen Machtgelüste,

Water Violet gegen fehlendes soziales Anpassungsvermögen,

Willow bei Verbitterung,

Impatiens zur Stabilisierung sowie

Aspen und *Mimulus*, wenn Angstkomponenten klar erkennbar sind.

Schreckhaftigkeit

Ein schreckhaftes Tier ist mit einem generell nervösen Tier vergleichbar. Aber das schreckhafte Tier kann durchaus recht friedlich und ausgeglichen sein. Nur auf plötzliche Geräusche, Schatten oder sonst ein unvorhersehbares Geschehen reagiert es mit übertriebener Angst, bei manchen Vögeln und Nagern kann das Erschrecken sogar bis zum Schock und plötzlichen Tod führen.

Als Basismittel dagegen sind die Notfalltropfen geeignet.

Sie sollten für zunächst 2 Wochen 3mal täglich in einer Menge von ca. 5 Tropfen gegeben werden.

Als Ergänzungsmittel kommen in Betracht:

Chestnut Bud gegen die Tendenz, Erfahrungen nicht auswerten zu können (harmlose Geräusche werden vom Tier immer wieder als gefährlich eingeordnet, obwohl es längst gelernt

haben müßte, daß ihm durch das Geräusch nichts Schlimmes geschieht);
Beech erhöht die Anpassungsfähigkeit.

Selbstverstümmelung

Diese schwere Verhaltensstörung ist eins der traurigsten Themen in der Haustierhaltung. In kaum einer anderen Situation fühlt sich der Tierhalter so hilflos, wenn sein geliebtes, seiner Meinung nach gut versorgtes Tier damit beginnt, sich selbst zu verstümmeln. Leider sind solche Fälle von neurotischen Tieren heutzutage nicht mehr selten; ihre Zahl scheint sogar im Zunehmen begriffen zu sein. Mehrere Faktoren kommen als Ursache für diese Zunahme in Frage:
Die Tierarten, die dazu neigen, werden rein zahlenmäßig häufiger als früher gehalten, beispielsweise die Großpapageien. Die Zahl der Allergien, die oft lange unerkannt bleiben und mit starkem Hautjucken einhergehen, wächst unter den Haustieren genauso stark an wie unter den Menschen; bedingt durch die zunehmende Umweltvergiftung, der zunehmenden Berührung mit Schadstoffen (aus der Nahrung, der Luft und so weiter).
Die heutzutage übliche Zentralheizung im Winter wird von sehr vielen Tieren gar nicht gut vertragen, durch die zu trockene Luft werden die Schleimhäute der Atemwege geschädigt, manchmal auch die Augen und die Haut. Der ständige Juckreiz kann das Tier stark unter Streß setzen und zur Selbstverstümmelung führen.
Leider liegt in diesem Verhalten eine ausgeprägte Suchttendenz, was bedeutet, daß es sehr schwer werden kann, ein Tier zu heilen, das sich dieses Verhalten schon vor längerer Zeit angewöhnt hat. Wenn eine selbstverstümmelnde Handlung an einem Tier beobachtet wird, sollte man sofort ernsthaft die Haltungsbedingungen, Tageslicht, Luftfeuchtigkeit, Temperatur, Auslauf, Futter und Pflege überprüfen.
Ein typisches Beispiel für Selbstverstümmelung infolge von

mangelhafter Pflege: Ein Hund, der im Winter durch Straßen geführt wird, die mit Streusalz versehen sind. Dieses Salz verursacht Juckreiz, was den Hund dazu bringt, sich die Pfoten zu lecken. Durch ständiges Lecken quillt aber die Ballenhaut auf und wird weicher. Beim nächsten Gang durch das Salz setzt es sich vielleicht in eine winzige Schrunde, der Hund leckt und macht die Geschichte noch schlimmer. Wenn der Hundehalter nicht bald die Zusammenhänge erkennt, kann dieses Verhalten bis zu offenen, entzündeten Pfotenballen führen, deren Behandlung recht langwierig sein wird. Aber nicht nur das: Es kann leicht sein, daß der Hund das angewöhnte Leckverhalten als Übersprunghandlung ausführt, wenn er beispielsweise gescholten wird und sich verlegen fühlt. Durch das Lecken an der entzündeten Ballenhaut kann er sich abreagieren. Sehr schnell hat der Hund gelernt, sein selbstschädigendes Verhalten als Trost einzusetzen und die Suchttendenz ist unverkennbar da.

Allgemein bekanntes selbstverstümmelndes Verhalten ist auch das Federrupfen und Federfressen bei den großen Papageien. Als Sofortmaßnahme hat sich das Einstellen eines Nistkastens in der richtigen Größe in den Käfig/in die Voliere bewährt. Außerdem muß sofort alles vom Futter ferngehalten werden, was Kochsalz enthält: Die Papageienniere verträgt Salz überhaupt nicht, es wirkt giftig, der Stoffwechsel kann so in Mitleidenschaft gezogen werden, daß ein furchtbarer Juckzeiz große Teile der Haut befällt, was natürlich das Rupfen fördert. Es sollte ein größerer Eiweißanteil als bisher gegeben werden: hartgekochtes Ei, Quark oder Sauerrahm mit (gutem) Honig, gekeimte Linsen, ab und zu gekochtes (*ungesalzenes*) Hühnerfleisch.

Bei Rennmäusen beobachtet man ab und zu die Gewohnheit, sich Stücke vom Schwanz abzubeißen. Meist rührt das daher, daß der Käfig zu feucht und kühl ist, was der empfindliche Schwanz nicht verträgt. Er kann sich entzünden und sogar abfaulen. Das verursacht schweren Juckreiz und schlimme Schmerzen, und das Tier wird dadurch zu diesem Verhalten getrieben.

Bei selbstverstümmelnden Handlungen von Tieren ist also, wie wir gesehen haben, die Überprüfung der Haltungsbedingungen die erste und wichtigste Maßnahme. Erst wenn geklärt ist, daß die Haltung in Ordnung ist, sollte an eine Therapie gedacht werden.

Vorsichtshalber sollte eine Dauertherapie durchgeführt werden:

White Chestnut und *Chestnut Bud* gegen den Suchtcharakter;

Holly gegen die aggressiven Aspekte;

Notfalltropfen zur Verstärkung des Gesundungswillen und zur Auflösung des ursächlichen Schocks;

Crab Apple, wenn die Ursache in schädlichen äußeren Substanzen liegt (also auch alle Allergien, falsches Futter und so weiter);

Mustard hilft bei der Stabilisierung der Stimmung;

Heather für Tiere, die das selbstverstümmelnde Verhalten einsetzen, weil sie gelernt haben, daß ihnen dadurch Aufmerksamkeit zuteil wird.

Streitsucht

Unter Streitsucht eines Tieres verstehen wir, daß ein Tier außerstande ist, regelmäßige oder längerdauernde friedliche Kontakte mit Artgenossen, bekannten oder fremden, zu haben. Als Ursachen dafür kommen in Betracht: Übersteigerter Geltungsdrang, übersteigerter Beschützerwille, Intoleranz, grundsätzlich vorhandene stark ausgeprägte Aggression und schließlich der Trieb, in der sozialen Rangordnung aufzusteigen, was man vermenschlichend als »Machtgelüste« bezeichnen könnte.

Sehr oft handelt es sich um ein Verhalten, das nach der Geschlechtsreife auftritt, und als natürlich anzusehen ist und mit dem wir schon vor der Anschaffung eines Tieres dieser oder jener Art rechnen sollten — und daher das Tier nur anschaffen, wenn wir bereit sind, dieses Verhalten zu akzeptieren. Die Bach-Blüten können dabei helfen, eine Übersteigerung dieses Verhaltens auf ein gesundes Maß zu reduzieren, aber sie können es nicht ganz ausschalten.

Jede Tierart hat hier ihre ganz individuellen Eigenheiten und Probleme: Hunderüden werden sehr oft unverträglich gegenüber anderen erwachsenen Hunderüden.

Katzen, die lange »Einzelkind« in einer Familie waren, können es oft überhaupt nicht ertragen, wenn sie sich plötzlich mit einer zweiten Katze konfrontiert sehen, die auch noch bleiben soll!

Hamster sind von Natur aus Einzelgänger, man sollte sie nicht mit Gewalt in Gruppentiere verwandeln wollen.

Ratten und Mäuse bilden streng geordnete Rudel; Fremdlinge werden manchmal umgebracht.

Kaninchenböcke vertragen sich selten miteinander, ebenso männliche Meerschweinchen.

Bei einander fremden Großpapageien kann es zu einer spontanen Abneigung gegen den anderen kommen, aber auch ein Paar, das brutwillig wird, will sich absondern und beginnt, ein Revier zu verteidigen. Kann der Besitzer nicht rechtzeitig eingreifen und das Paar gesondert halten, kommt es unter Umständen zu einer greulichen Schlacht, bei der es Verletzte und Tote in der Papageiengruppe geben kann. In freier Natur wäre genügend Platz, und die anderen Papageien könnten den Revieranspruch des Paares respektieren, indem sie die Gegend meiden, aber in Volierenhaltung ist ihnen das nicht möglich. »Schuld« ist also nicht ein besonders niederträchtiger Charakter der Vögel, sondern die unnatürlichen Haltungsbedingungen in Gefangenschaft.

Und schließlich kann es in jeder sozialen Struktur, bei jeder Tierart vorkommen, daß ein kleines, beeinträchtigtes oder sonst aus dem Rahmen fallendes Tier zum »Prügelknaben« wird. Alle anderen können an diesem Mitglied ihre Wut und ihre Frustrationen ablassen, ohne Gegenwehr befürchten zu müssen. In freier Natur würde ein solches Tier ausweichen können, eventuell würde es abwandern. So aber hat es ein schweres Schicksal.

Wie bei der Selbstverstümmelung ist also auch bei der Streitsucht die Überprüfung der Haltungsbedingungen der erste Behandlungsschritt, die Therapie mit Bach-Blüten folgt erst, wenn die Haltungsbedingungen so optimal wie möglich gestaltet worden sind.

Holly ist auch hier das Mittel gegen die aggressiven Aspekte;

Vine bei übersteigertem Geltungsdrang;

Water Violet bei Absonderung, Einzelgängertum, Kontaktunfähigkeit;

Sweet Chestnut für die »Opfer«, die immer Unterlegenen, zur Stärkung des Selbstbehauptungswillens;

Heather für die Tiere, die es nicht ertragen können, einmal nicht im Mittelpunkt des Geschehens zu stehen und gelernt haben, daß sie Aufmerksamkeit erhalten, wenn sie einen Streit beginnen.

Streunen

Dieses Problem ist weitgehend auf Hunde und in geringem Maß auch auf Katzen beschränkt. Ein notorischer Streuner kann verschiedene Gründe für sein Verhalten haben: Übersteigerter Trieb zur Revierbildung und -überwachung bei einem Hunderüden. Übersteigerter Geschlechtstrieb, obwohl diese Formulierung das Problem nicht ganz treffend beschreibt: Ein Hunderüde, der »in jedem Dorf eine Hündin hat«, leidet unter einer Instinktabweichung, denn Hunderüden sind eigentlich monogam. Heutzutage trifft man aber nur noch wenige Hunde, die in dieser Beziehung vollkommen instinksicher sind. Dazu trägt neben der Art, wie Hundezucht betrieben wird, auch die Haltung bei: Ein Hund in Einzelhaltung, zumal ein Rüde, kann innerhalb seines »Menschenrudels« seine sozialen Bedürfnisse nicht ausleben. Eine Art Ersatzbefriedigung kann er darin finden, daß er der Reihe nach alle läufigen Hündinnen im weiten Umkreis besucht und »belauert«.

Eine weitere Ursache für Streunen ist Langeweile; der Hund geht schlicht spazieren, um sich Beschäftigung zu verschaffen. Nicht selten kommen aber alle drei Ursachen zusammen.

Bei Katzen hängt das Streunen meist mit dem Geschlechtsverhalten zusammen: Eine Katze, die rollig wird, sucht draußen einen Kater und bleibt unter Umständen tagelang fort. Ein Kater hat neben der Suche nach weiblichen Katzen noch mit Rivalenkämpfen zu tun und kehrt oft mit Verletzungen von den Raufereien heim. Mit rechtzeitiger Kastration von Katze und Kater läßt sich dieses Verhalten vermeiden. Erfolgt die Kastration erst, nachdem sich ein gewohnheitsmäßiges Streunen entwickelt hat, kann es vorkommen, daß es trotz der Kastration beibehalten wird.

Bei Hunden und Katzen, die sich das Streunen zur Angewohnheit gemacht haben, müssen also auch erst die Ursachen erkannt und nach Möglichkeit abgeschafft werden.

Bei der Gewöhnung des Tieres an die neuen Lebensumstände hilft:

Walnut für die Übergangsphase;

White Chestnut, um sich auf das Neue einlassen zu können;

Oak, damit das Tier nicht »um jeden Preis« versucht, seinen Gewohnheiten nachzugehen.

Stubenunsauberkeit

Die Wohnräume zu verschmutzen, ist bei manchen Tierarten als Verhaltensstörung anzusehen, bei anderen Tierarten muß diese Eigenschaft akzeptiert werden, und der Tierhalter muß sich damit begnügen, Vorsichtsmaßnahmen zu ergreifen, damit sich die Verschmutzung in Grenzen hält.

Von Tieren, die auch unter natürlichen Bedingungen nicht die Eigenschaft besitzen, ihren Wohnbereich sauber zu halten, kann Stubenreinheit auch nicht in Gefangenschaft erwartet werden.

Hunde, Katzen, Hamster und Kaninchen können grundsätzlich zur Stubenreinheit erzogen werden. Schwieriger ist das bei Ratten und Mäusen, weil diese nicht nur ihre Wege, sondern auch ihr eigentliches Heim mit Urin markieren. Deshalb ist es zwar unangenehm für den Tierhalter, aber natürlich für das Tier, wenn es seinem Besitzer auf die Schulter uriniert, besonders gern dann, wenn dieser Mensch ganz frisch gewaschene Kleidung trägt und nicht genügend »nach sich selbst riecht«.

Die meisten Vogelarten, die als Stubenvögel gehalten werden, kommen in freier Natur überhaupt nicht mit ihrem Kot in Berührung, weil alle Ausscheidungen zu Boden fallen und das Tier sehr oft den Standort wechselt. Bei dieser Lebensweise mußten die Vögel kein Sauberkeitsverhalten entwikkeln. Es ist daher fast unmöglich, einen Wellensittich oder Kanarienvogel dazu zu bringen, daß er seinen Käfig aufsucht, bevor er seinen Klacks fallen läßt. Allerdings kann man im Zimmer, wenn die Vögel regelmäßig Freiflug bekommen, die Lieblingssitzplätze so ausstatten, daß der Schmutz auf Zeitungen fällt.

Übrigens sagt eine alte Gärtnerweisheit, daß alle Ausscheidungen von »fliegenden Tieren« ganz besonders wertvollen Dünger ergeben.

Hamster und Kaninchen haben in freier Natur ihre Toiletten, die sie regelmäßig neu anlegen. Was den Kot betrifft, kann man diese Tierarten also gut zur Stubenreinheit erziehen. Mit dem Urin ist es aber meist etwas schwieriger.

Hunde und Katzen benutzen ihre Ausscheidungen als geruchliche Signale, zur Revierkennzeichnung, aber auch, um anderen, nicht gegenwärtigen Artgenossen ihren eigenen Rang klarzumachen. Mit diesen Funktionen, die Kot und Urin erfüllen, ist es kein Wunder, wenn sie von den Tieren auch benutzt werden, um zum Beispiel Protest auszudrükken. Ein gesundes, ausgeglichenes Tier, das unter artgerechten Bedingungen lebt, wird also bestrebt sein, die Wohnung, die es als innersten Heimbezirk ansieht, sauberzuhalten.

Ist ein Hund oder eine Katze von Jugend an stubenunrein, dann könnte eine Instinktlücke vorliegen. In diesem Fall könnte eine Basistheraphie mit *Elm* erfolgversprechend sein. Diese Blüte hat die Fähigkeit, ursprüngliche Ziele wieder in Erinnerung zu rufen.

Ergänzt werden kann sie mit *Crab Apple* und *Pine*.

War ein Tier eine gewisse Zeit lang sauber und fängt plötzlich oder allmählich an, die Wohnung zu verschmutzen, sollte nach der möglichen Ursache geforscht werden:

Heather bei Tieren, die sich vernachlässigt fühlen und lieber Schelte riskieren, als gar nicht beachtet zu werden;

Beech für Tiere, die eine (vielleicht nur geringfügige) Änderung in ihrer Umwelt nicht tolerieren wollen;

Chestnut Bud und *Clematis* für Tiere, die einen »vergeßlichen« Eindruck machen, die sich scheinbar nicht darauf konzentrieren können, rechtzeitig die Katzentoilette aufzusuchen oder bei Hunden, sich bemerkbar zu machen;

Vine für Tiere, die mit ihrem Verhalten etwas erzwingen wollen;

Mimulus und *Hornbeam* für junge Hunde, die den Urin vor Freude und Überschwang laufen lassen, wenn sie jemanden begrüßen. Hier ist das Bestreben mit im Spiel, dem Menschen oder einem anderen Hund zu signalisieren, daß dieses Tier jung und harmlos ist und um Schonung bittet.

Stupidität

Tiere, die unter sehr schlechten Bedingungen aufwachsen, können ihre Persönlichkeit, ihren Charakter, nicht richtig entfalten. Sie machen einen zurückgebliebenen Eindruck. Besonders sozial veranlagten Tiere, wie Hunde und Katzen, zeigen schwere Verhaltensstörungen, wenn sie in der Jugendzeit nicht die nötige Zuwendung und Förderung von Artgenossen oder dem Menschen erfahren haben.

Hier ist eine sorgfältig zusammengestellte, langfristig durchgeführte Bach-Blütentherapie sinnvoll, wenn gleichzeitig auch das Umfeld des Tieres so gestaltet wird, daß es gefördert werden kann.

Ein Hund, der beispielsweise eine heillose Angst vor allen anderen Artgenossen hat, weil er sie in den ersten Monaten seines Lebens nicht kennenlernen konnte, sondern in Isolation gehalten wurde, sollte — trotz seiner Angst — regelmäßig mit anderen Hunden konfrontiert werden. Dabei muß es sich natürlich um sehr gutmütige, absolut zuverlässige Hunde handeln, damit die Furcht des gestörten Tieres nicht noch Bestätigung findet.

Aspen und *Mimulus* werden bei schweren Ängsten gegeben;
Cerato fördert das Selbstvertrauen;
Elm die Rückbesinnung auf angeborene Fähigkeiten;
Gentian hilft dabei, nicht zu schnell aufzugeben und sich auf neue Erfahrungen einzulassen, auch wenn sie angsteinflößend sind.

Eine Therapie mit:
Notfalltropfen für 1 — 2 Wochen gegeben, stabilisieren die Persönlichkeit;
Wild Rose gibt neuen Antrieb und ermöglicht es, Freude über neue Erfahrungen zu empfinden;
Scleranthus schließlich ermöglicht eine Entwicklung der Entschlußfreudigkeit.

Trägheit

Ein auffallend träges Verhalten kann verschiedene Ursachen haben: Ein falsch ernährtes Tier kann sehr fett und bewegungsunlustig werden. Wenn eine Erkrankung im Entstehen ist, macht das betreffende Tier einen matten Eindruck. Tiere, die unter Bedingungen gehalten werden, die ihren Bedürfnissen nicht gerecht werden, stumpfen mit der Zeit ab und werden interessenlos. Schließlich kann auch der Alterungsprozeß eine Rolle spielen, wenn ein sonst munteres Tier immer träger wird.

Je nach der in Frage kommenden Ursache sollten die Maßnahmen getroffen werden: Bei einem übergewichtigen Tier ist die Futterumstellung zuerst nötig.

Wenn sich eine Krankheit ankündigt, kann schon bei dem ersten Anzeichen, nämlich der auffälligen Mattigkeit und dem Bedürfnis nach Ruhe folgende Kombination gegeben werden:

Notfalltropfen, *Crab Apple*, *Mustard* und *Olive*.

Ein Tier, das unter schlechten Bedingungen völlig abgestumpft ist, muß zuerst in eine andere Umgebung gebracht werden. Dort sollte man ihm Zeit und Ruhe gönnen und es mit folgender Kombination unterstützen:

Notfalltropfen, *Pine*, *Gorse* und *Honeysuckle*.

Bei vorzeitiger Alterung ist eine Kombination sinnvoll, die Frische, Kraft und Lebensfreude schenkt:

Water Violet für Freude an sozialen Kontakten,
Wild Rose gegen das Gefühl, sich aufgeben zu müssen,
Olive gegen Erschöpfung,
Gorse für die Lebensfreude,
Clematis für das Interesse am eigenen Leben,
Cerato zur Stärkung des Selbstvertrauens.

Trauer

Wer kennt nicht die Geschichten von Hunden, Katzen, Pferden, Papageien, die den Tod ihres Besitzers nicht lange überlebt haben, weil sie über den Verlust nicht hinwegkamen?

Verständnisvolle Menschen und eine gute Portion an Beschäftigung können einem Tier das neue Zuhause so schön machen, daß es seine Trauer und sein Heimweh recht schnell vergißt. Unterstützen kann man ein Tier bei diesem Prozeß mit:

Walnut, *Star of Bethlehem*, *Honeysuckle*, *Scleranthus* und *Wild Rose*.

Überempfindlichkeit

So, wie es Tiere gibt, die gegen äußere Einflüsse, was ihre körperliche Gesundheit betrifft, übertrieben empfindlich sind, denen es an Stabilität und Widerstandskraft mangelt, so gibt es auch Tiere, denen es an seelischer Robustheit mangelt. Sie reagieren übertrieben auf jedes harte Wort, auf jedes Geräusch, auf jede fremde Person, mit Angst, Gekränktsein, Aggressionen oder übersteigerter Freude.

Heather hilft den Tieren, die sich nur sicher fühlen, solange sie gehätschelt und gestreichelt werden.

Impatiens bringt übertriebene Reaktionen auf ein gesundes Maß zurück.

Walnut sorgt für eine allgemeine Stabilisierung.

Rock Rose kommt in Frage, wenn eine sehr hektische, an Panik grenzende Komponente zu beobachten ist.

Unbeholfenheit

Manche Tiere machen schon auf den ersten Blick einen merkwürdig unbeholfenen, ungeschmeidigen Eindruck. Entweder laufen sie dauernd Gefahr, sich zu verletzen, oder ihre Bewegungen und Reaktionen sehen sehr gehemmt und deutlich verlangsamt aus, oder ihr Gleichgewichtssinn scheint gestört zu sein, so daß sie von Zeit zu Zeit taumeln und schlingern oder, bei Vögeln, von ihrer Sitzstange fallen.

Oft ist einfach Auskühlung die Ursache. Die Wärmeansprüche der verschiedenen Tierarten sind recht unterschiedlich: Der Goldhamster kann schon bei einer Zimmertemperatur von 12°C und darunter in Kältestarre fallen; er macht dann einen ganz leblosen, steifen Eindruck. Ob es die Lebensdauer eines Hamsters verlängert oder verkürzt, wenn er regelmäßige Phasen dieser Kältestarre durchmacht, ist immer noch umstritten, beide Ansichten haben ihre Vertreter.

Bei Papageien steht allerdings fest, daß ihnen stärkere oder länger andauernde Unterkühlung schadet. 15°C sollte die

Raumtemperatur nicht wesentlich unterschreiten. Ist dies doch der Fall, wie beispielsweise bei der ganzjährigen Haltung in Außenvolieren, müssen die Tiere unbedingt einen geheizten kleinen Schutzraum, oder, falls das nicht möglich ist, einen kleinen, allseits geschlossenen und gut isolierten Nistkasten zur Verfügung haben, den sie mit ihrer eigenen Körperwärme aufheizen können.

Kaninchen und Meerschweinchen vertragen trockene Kälte recht gut, feuchte Kälte schadet ihnen, vor allem feuchter Untergrund.

Weitere Ursachen der Unbeholfenheit können Hirnschäden sein, zum Beispiel von früheren Verletzungen oder Erschütterungen verursacht. Manchmal sind auch die Gleichgewichtsorgane im Innenohr beschädigt worden.

Ob organische Schäden vorliegen, sollte von einem Tierarzt/ Tierheilpraktiker abgeklärt werden. Er wird auch Behandlungsvorschläge machen.

Je größer und schwerer ein Tier im Vergleich mit seinen gleichaltrigen Artgenossen ist, desto tollpatschiger und unbeholfener sind seine Bewegungen. In schlimmen Fällen kann man das etwas lindern durch *Elm*, *Clematis* und *Wild Rose*. Diese können mit der Zeit eine gewisse Geschmeidigkeit, bessere Konzentration und Koordination bewirken.

Unentschlossenheit

Sie kann sich entweder darin äußern, daß ein Tier nervös und hektisch ist, seine Wünsche von Minute zu Minute ändert, oder darin, daß es zu träge ist, um sich entscheiden zu können. Im ersten Fall helfen die Mittel, die unter »Nervosität« (S. 81) angegeben sind, allen voran *Impatiens*.

Ist das Tier eher träge und lustlos und kann sich deshalb nicht recht zu dieser oder jener Handlung durchringen, kommt als Basismittel *Hornbeam* in Betracht, das die Lebensgeister anregt.

Wehleidigkeit

Ein Tier, das schon beim geringsten Anlaß schreit und ganz
außer sich ist, das in Panik gerät, wenn es gebadet werden
soll, das schon Festgehaltenwerden nicht erträgt, also bei jedem Anlaß jammert und wimmert, braucht:
Heather, Mimulus und *Larch*.

Zerstörungswut

Ein Tier, das entweder aus Freude am Nagen oder aus Wut
heraus Möbel, Schuhe, Tapeten und andere Gegenstände
zerstört, sollte als Basismittel *Holly* bekommen.
Es wird gut ergänzt durch *Willow* und *Pine*.
Steht eher ein übersteigerter Nagetrieb hinter dem Zerstören, hilft *Impatiens* und *White Chestnut*.
Es sollte aber bedacht werden, daß an dem alten Spruch:
»Ein Haustier erzieht zur Ordnung« viel Wahres ist; man
sollte also wertvolle und besonders gefährdete Gegenstände
wegräumen, wenn man das Zimmer verläßt und vor allem
interessantes und geeignetes Ersatzspielzeug zur Verfügung
stellen.

Zwanghafte Verhaltensweisen

Jede angeborene, vom Instinkt gesteuerte Handlung kann
sich zu zwanghaftem Verhalten entwickeln. Es gibt Hunde,
die gelernt haben, bei jeder Frustration zur Wasserschüssel
zu laufen und sich durch das Trinken von ungeheuren Wassermengen abzureagieren. Andere Hunde werden bellsüch-
tig, was für den Hund zwar nicht so schädlich ist wie die ständige Zufuhr völlig unangemessener Wassermengen, dafür
aber jedes gute Verhältnis zu den Nachbarn zerstören
kann.
Im Bereich des Sexualverhaltens sind zwanghafte Verhal-

tensweisen den Besitzern oft besonders unangenehm. Fast jeder kennt die unglücklichen Zwingerhunde, die ihren Bewegungsdrang durch zwanghaftes Im-Kreis-Rennen oder Auf-und-Ab-Rennen abzureagieren versuchen. Jede Tierart kann prinzipiell dazu neigen, durch zwanghaftes Durchführen bestimmter Verhaltensweisen Frustrationen abzureagieren. Auch die Selbstverstümmelung gehört dazu, und der in diesem Zusammenhang schon erwähnte Suchtcharakter trifft auf alle zwanghaften Verhaltensweisen zu. Deshalb ist das rechtzeitige Erkennen eines solchen Verhaltens genauso wichtig wie die rechtzeitige Behandlung.

Außerdem muß der Tierhalter sich bemühen, die Ursachen, die zu diesem Verhalten geführt haben, zu beseitigen.

Impatiens gegen die übertriebene Reaktion;

Beech gegen die Intoleranz, die das Tier gegenüber den bestehenden Zuständen zeigt;

Chestnut Bud und *White Chestnut* gegen den Suchtcharakter;

Vine und *Oak* gegen den eisernen Willen, der fehlgeleitet ist;

Walnut und *Wild Oat* dienen der Offenheit für neue Reaktionsweisen.

Bach-Blüten als Ergänzungstherapie

Natürlich können unsere Haustiere von Krankheiten befallen werden, die unbedingt von einem Tierarzt oder Tierheilpraktiker behandelt werden müssen.

Es ist sogar eine im Tierschutzgesetz festgelegte Verpflichtung jedes Tierhalters, daß er seinem Tier fachmännische Hilfe zukommen lassen muß, wenn diese notwendig erscheint. Dazu gehören auch schwerwiegende Verletzungen oder Unfallfolgen.

Sind die **Wunden** vom Tierarzt versorgt worden und Ihnen als Besitzer des Tieres bleibt die Pflege, dann können Sie einiges tun, um die Wundheilung zu beschleunigen und um Komplikationen, wie zum Beispiel eine Entzündung, zu verhindern.

Crab Apple sorgt nicht nur dafür, daß alle giftig wirkenden Substanzen, die sich bei einer schweren Verletzung bilden, beispielsweise Eiter, schnell ausgeschieden werden, sondern auch dafür, daß die Antibiotika, die viele Tierärzte routinemäßig verabreichen, nicht allzu schwere schädliche Nebenwirkungen hervorrufen.

Impatiens, wenn das Tier sich vor Ungeduld nicht in seine eingeschränkte Bewegungsfähigkeit finden kann.

Oak, wenn ein Tier seine Verletzung einfach ignorieren will und sich dadurch unnötigen Gefahren aussetzt.

Water Violet, wenn das Tier anfängt, seine Sonderrolle zu genießen und gegen Familienmitglieder oder andere Tiere ungnädig wird.

Willow, falls die Bewegungsfähigkeit des Tieres auf Dauer

eingeschränkt bleibt (Amputation), damit es nicht verbittert wird, kombiniert mit *Walnut*, um den Übergang in die neue Situation zu erleichtern.

Scleranthus, wenn die Heilung nur zögernd einsetzt, um die Heilungskräfte des Körpers zu stärken und zu mobilisieren.

Sweet Chestnut, wenn der Zustand sich plötzlich verschlimmert, bis zum Eintreffen des Tierarztes.

Olive und *Hornbeam* zur allgemeinen Stärkung und Anregung der Heilkräfte.

Über die Anwendung der Notfalltropfen (S.101 ff.) lesen Sie bitte im entsprechenden Kapitel. Natürlich gehören sie auch in die Mittelkombination während der Nachbehandlung.

Epileptische Anfälle müssen vom Tierarzt behandelt werden, aber Sie können das Tier mit Bach-Blüten unterstützen.

Das Hauptmittel ist:

Holly, weil das Hauptsymptom die Heftigkeit der Anfälle ist.

Clematis sollte als Dauertherapie verwendet werden, um die Neigung zur Bewußtlosigkeit zu dämpfen.

Chestnut Bud ist gegen die Zyklen, die die Anfälle oft annehmen.

Gentian stärkt den Willen, der Anfallsbereitschaft nicht nachzugeben.

Da epileptische Anfälle unter anderem auch durch Unfälle verursacht werden können, die eine vielleicht nur geringfügige Verletzung der Hirnhaut und später dort dann Narbenbildung zur Folge hatten, sollte jeder Unfall, auch wenn außer Schock oder Gehirnerschütterung keine Verletzung auftrat, sehr sorgfältig behandelt werden. Jeder Tierhalter sollte für solche Fälle die homöopathischen Präparate *Hypericum* und *Arnica* bereithalten.

Pilze und **Flechten**, die eventuell auch auf den Menschen übertragbar sind, müssen schnell und durchschlagend behandelt werden. Als Zusatztherapie kommt in erster Linie

Crab Apple als Dauertherapie in Betracht, um dem Körper bei der Überwindung der Parasiten zu helfen. Auch Waschungen der befallenen Hautbezirke mit *Crab Apple* und *Notfalltropfen* sind sehr hilfreich.

Die beiden Arten der **Diabetes**, die Zuckerkrankheit und die Wasserharnruhr, müssen vom Tierarzt behandelt werden.
Agrimony kann Ihr Tier unterstützen, da es Konflikte innerlich zu verarbeiten sucht, welche in die Stoffwechselkrankheit geführt haben können.
Olive ist wichtig, um die Kräfte zu erhalten und *Gorse*, um den Gesundungswillen anzuregen.

Schwere **allergische Schübe**, wie beispielsweise die Nesselsucht bei Hunden, müssen vom Fachmann behandelt werden, unter anderem, weil vielleicht die Luftröhre so zuschwillt, daß Erstickungsgefahr besteht.
Unterstützend wirkt:
Holly gegen die Heftigkeit der Symptome,
Notfalltropfen wegen der Gefährlichkeit,
Beech gegen die Intoleranz des Organismus bezüglich des auslösenden Stoffes,
Impatiens mildert die Anfälligkeit für die übertrieben heftige Reaktion.

Infektionskrankheiten, vor allem Viruserkrankungen, die die anderen Tiere dieser Art in der Gegend gefährden, da Viren meist hochansteckend sind, müssen ebenfalls vom Tierarzt behandelt werden. Sie sollten also vorsichtshalber mit Ihrem Tier fachmännische Hilfe suchen, wenn:
− Ihr Tier nicht geimpft ist,
− in Ihrer Gegend Tierseuchen grassieren,
− Ihr Haustier plötzlich hohes Fieber bekommt,
− es ein sehr stark verändertes Benehmen zeigt,
− klare oder eitrige Ausflüsse aus den Körperöffnungen austreten.
Treffen alle diese Merkmale zu, müssen Sie befürchten, daß

Ihr Tier an einer Viruserkrankung oder bakteriellen Infektion leidet.

Bitte fragen Sie Ihren Tierarzt, welche Impfungen es für Ihr Tier gibt, denn es ist ein schreckliches Gefühl, sein Haustier womöglich unter Qualen verenden zu sehen, obwohl man das leicht durch eine entsprechende Impfung hätte verhindern können. Neben der tierärztlichen Versorgung und der Eingabe der Mittel, die er Ihnen verschreibt, können Sie mit folgender Mischung (alle 2 Stunden 5 Tropfen) Ihrem Tier helfen:

Crab Apple, Notfalltropfen, Holly und *Sweet Chestnut.*

Verdächtige **Geschwülste**, die Sie bei Ihrem Tier entdecken, die also langsam wachsen, sich nicht verschieben lassen und relativ schmerzlos sind, müssen vom Tierarzt untersucht werden. Zusätzlich zu seinen Maßnahmen können Sie eine Kombination als Dauertherapie verabreichen:

Notfalltropfen, Crab Apple, Elm und *Olive.*

Notfalltherapie

Genau wie Kinder sind auch Tiere in ihrem Verhalten zu einem gewissen Teil unberechenbar. Eine völlig überraschende Handlung des Tieres kann in die Katastrophe führen.

Auch der Hund, der schon seit 5 Jahren mitten durch die Großstadt ohne Leine läuft und »absolut zuverlässig« immer auf dem Bürgersteig bleibt, kann eines Tages eben doch den Sprung auf die Straße, vor ein Auto machen.

Die Katze, die »immer am Haus bleibt«, macht vielleicht doch eines Tages einen Abstecher in den Wald und kommt angeschossen heim.

Und vor den Fehlern anderer Autofahrer ist kein Tier sicher, das mit Frauchen oder Herrchen mitfahren darf.

Daher sollten die »Rescue Remedies«, die *Notfalltropfen*, immer griffbereit in der Nähe sein, denn bei Unfall, Verwundung und Schock kommt es auf Sekunden an. Bis der Tierarzt eintrifft, vergeht oft einige Zeit. Diese Zeit gilt es zu überbrücken.

Die Notfalltropfen bieten den nicht zu unterschätzenden Vorteil, daß durch ihre Anwendung die Lage keinesfalls verschlimmert werden kann. Sie helfen, das gefährdete Leben zu erhalten, bis fachmännische Hilfe eintrifft.

Das Prinzip der Notfalltropfen: Nehmen wir an, die Hautfläche eines Tieres hat eine Verbrennung erlitten. Die Hautzellen stehen unter Schock. Die verbrannten Bezirke sterben ab, aber auch die umliegenden Hautzellen sind in ihrer Funktion blockiert, denn über die Nerven haben sie Mitteilung von der Katastrophe nebenan erhalten und sind gewissermaßen so »schockiert«, daß sie unfähig sind, weiterzuarbeiten. So schreitet die Zerstörung in Breite und Tiefe fort. Das ganze Gebiet wird nun noch zusätzlich durch die Giftstoffe belastet, die die toten Zellen recht schnell bilden. Da aber der Bezirk unter Schock steht, ist er momentan nicht fähig, Maßnahmen zum Abtransport der Gifte und Zelltrümmer zu ergreifen. Die beschädigten Nervenenden melden unaufhörlich »Schmerz, Schmerz!« und vergrößern so das Chaos noch.

Wenn jedoch sofort nach der Verbrennung (wie gesagt, kommt es hier buchstäblich auf Sekunden an) Notfalltropfen auf die betreffende Brandwunde gegeben werden, sieht der Verlauf anders aus: Die Zellen bekommen einen Impuls, der sie befähigt, ihre Funktionen wieder aufzunehmen. Vermenschlicht ausgedrückt, sagen sie: »Oh, da ist ein Unfall geschehen. Dann wollen wir sofort mit den Heilungsmaßnahmen beginnen!« Die verbrannten Nervenenden können schnell isoliert werden, damit die Beschädigung nicht an den Nerven entlang fortschreiten kann. Daher läßt auch der Schmerz verblüffend schnell nach.

Die Heilung erfolgt sehr rasch, Brandblasen und Narben können gar nicht erst entstehen.

Die Notfalltropfen sollten gleichzeitig auch innerlich gegeben werden, damit das Gleichgewicht aller Systeme nicht zu sehr ins Schwanken gerät, die Verbrennung also auch nicht zu einer übertriebenen Panik vor ähnlichen Situationen führen kann.

Bei dem Verdacht einer Vergiftung gilt das gleiche Prinzip: Möglichst schnell Notfalltropfen verabreichen und dann den Tierarzt rufen. Bis dieser eintrifft, sollten die Rescue Remedies alle 10 − 15 Minuten eingegeben werden oder auf die Mundschleimhäute geträufelt oder auf dem Scheitel einmassiert werden. Sie können auch bedenkenlos auf alle offenen Wunden und Verbrennungen aufgetragen werden.

Als ausgesprochenes Erste-Hilfe-Mittel ist es auch bei allen beginnenden, noch unklaren Erkrankungen einzusetzen. Sehr oft kann der Organismus mit Hilfe der Notfalltropfen schon so viele Widerstandskräfte mobilisieren, daß die Krankheit gar nicht voll zum Ausbruch kommt. Dieser Vorgang sollte aber nicht mit dem »Unterdrücken« von Krankheitssymptomen gleichgesetzt werden.

Zusammen mit den Notfalltropfen ist sehr häufig die Essenz *Crab Apple* nötig, die den Körper dabei unterstützt, die Schad- und Abfallstoffe schnell und problemlos auszuscheiden. Das ist der Fall bei Verbrennungen, Vergiftungen und Infektionskrankheiten.

Trotz ihrer breiten Anwendungsmöglichkeiten sollten die Notfalltropfen aber nicht für alle möglichen unbedeutenden Störungen eingesetzt oder gar vorbeugend über einen längeren Zeitraum gegeben werden. Denn der Organismus könnte gegen die pausenlos wiederholten Informationen gleichgültig werden und dann im Notfall nicht mehr optimal darauf reagieren.

Damit würde sich der Tierhalter selbst einer der wertvollsten Möglichkeiten, seinem Tier schnell zu helfen, berauben. Die Rescue Remedies gibt es auch als Creme, die bei Verletzungen besser zu handhaben ist als die flüssigen Tropfen. Sie haftet auch länger, und es können sehr wirkungsvolle Verbände damit angelegt werden.

Ein Tier, das gerade noch einmal mit dem Schrecken davongekommen ist, aber unter Schock steht oder in Panik geraten ist, wird ebenfalls mit Notfalltropfen, innerlich angewendet, ruhiger und oft ohne Zwangsmaßnahmen behandelbar.

Hier die 5 Blütenessenzen, die zusammen die *Rescue Remedies* bilden: *Cherry Plum, Clematis, Impatiens, Rock Rose* und *Star of Bethlehem.*

Behandlungsprotokolle

Um zu verdeutlichen, wie eine Bach-Blütentherapie wirkt, werden hier zwei Krankengeschichten aus der Praxis eines Tierheilpraktikers beschrieben.

Fall 1:

Die Besitzerin einer Blaustirnamazone läßt ihr Tier untersuchen. Die Diagnose: Relativ schlechtes Allgemeinbefinden, Bauch, Brust und Schultern sind nackt; alle Federn dort sind abgefressen. Schnabel und Krallen sind zu lang, sie hindern das Tier schon beim Fressen und Klettern. Der Kot ist normal. Das Tier macht einen ängstlichen Eindruck.

Die Vorgeschichte, von der Halterin erfragt:

Vor gut 6 Monaten hat sie den Vogel aufgrund einer Kleinanzeige in einer Tageszeitung aus privater Hand gekauft, samt Käfig. Sie erwartete sich von dem Papagei nette Gesellschaft. Er ist aber überhaupt nicht zahm geworden und hat nach etwa 3 Wochen mit dem Rupfen angefangen. Vorher hatte er sehr viel geschrien. Die Besitzerin hat ihm dann immer eine dunkle Decke über den Käfig gelegt, damit er ruhig ist. Zu fressen bekommt er das käufliche Körnerfutter und ab und zu Salat. Der von ihr beschriebene Käfig ist viel zu klein.

Die Ursache für die aus dem Gleichgewicht geratene Seelenlage des unglücklichen Papageis kann entweder darin liegen, daß er schon als erwachsenes Tier eingefangen wurde und über den Verlust seiner Freiheit, vielleicht sogar eines Partners, nicht hinwegkommt, oder darin, daß die Amazone sich bei einem der vorherigen Besitzer eng an einen Menschen angeschlossen hatte und um diesen trauert. Die gegenwärtigen Haltungsbedingungen sind natürlich nicht optimal.

Die Therapie:

Die Besitzerin der Amazone wird zunächst gründlich über die Ansprüche und Bedürfnisse von Papageien aufgeklärt. Sie erhält Informationen, was die richtige Fütterung, Haltung und das Sozialverhalten betrifft.

Zum Glück zeigt sie sich einsichtig. Ihr liegt das Tier am Herzen, und die Fehler, die sie gemacht hat, beruhen nur auf einem Mangel an Informationen. Sie bringt viel guten Willen mit, ihren Papagei gut zu halten. Sie kann auch davon überzeugt werden, daß sie einen Artgenossen für den Vogel kauft.

Dieses ausführliche Gespräch mit der Besitzerin ist schon ein wesentlicher Teil der Therapie.

Der Tierheilpraktiker fertigt eine Bach-Blütenkombination an, mit der die Amazone 2mal wöchentlich einzusprühen ist:

Notfalltropfen, Crab Apple, Willow und *Water Violet.*

Von dieser Mischung werden 10 Tropfen auf je ½ l Wasser gegeben.

Diese Behandlung muß zunächst 2 Monate lang durchgeführt werden; die Tierhalterin wird gebeten, nach Ablauf dieses Zeitraums mit dem Papagei wiederzukommen.

Als sie die Praxis wieder betritt, bringt sie nicht nur die Amazone mit, sondern in dem kleinen Transportkäfig ist auch ein Wellensittich, der neue Kamerad der Amazone.

Die Besitzerin erzählt, daß die beiden unzertrennlich seien und sich ganz rührend umeinander kümmern. Der Wellensittich ist schon recht zutraulich und die Amazone schaut immer sehr interessiert zu, wenn ihr kleiner Kamerad sich von der Frau eine Nuß oder ein Stückchen Apfel holt. Wahrscheinlich dauert es nicht mehr lange, bis auch die Amazone soviel Vertrauen zu ihrer Besitzerin gefaßt hat, daß sie handzahm wird. Die beiden Vögel haben jetzt eine große Zimmervoliere, abwechslungsreiches Futter und immer frische Äste. Die regelmäßigen Duschen genießen beide.

Die Amazone macht einen viel muntereren Eindruck und wirkt auch schon ausgeglichener. Die vormals kahlen Stellen haben sich mit einem grauen Flaum überzogen (das sind die Daunenfedern, die unter dem grünen Deckgefieder wachsen).

Die Frau erzählt, daß die Amazone den ganzen Tag über so beschäftigt sei, daß sie gar nicht mehr zum Rupfen und Federfressen käme.

Fall 2:

In die Praxis wird ein junger Hund gebracht. Er ist in einem ganz erbärmlichen Zustand. Abgemagert, verfilztes Fell, in dem sich Läuse und Flöhe tummeln, stumpfe, vereiterte Augen, aufgetriebener Bauch; das Tierchen ist unglaublich verängstigt.

Die Vorgeschichte: Die Familie kommt aus dem Urlaub zurück und macht auf einem Autobahnparkplatz Rast. Als die Kinder den Abfall in die Tonne werfen wollen, schaut ihnen der junge Hund entgegen. Aus Mitleid nehmen die Leute ihn mit, geben ihm zu Hause erst einmal Wasser und gönnen dem Hund Ruhe. Am nächsten Tag kommen sie zum Tierheilpraktiker. Die Familie hat beschlossen, den Hund zu behalten, was von den Lebensumständen her glücklicherweise möglich ist.

Die Therapie:

Die erste Maßnahme besteht darin, den Hund zu scheren und ihn in ein warmes Seifenbad zu stecken. Mit gründlichem Abschrubben wird das Tier so von den Parasiten befreit.

Gegen den Wurmbefall wird eine homöopathische Kur verordnet, die von *Crab Apple* unterstützt wird.

Der Futterplan sieht so aus:

Morgens feine Haferflocken mit rohen, aber zu Mus geriebenen Möhren und Fleischbrühe.

Abends durchgedrehtes nicht zu mageres Rindfleisch mit einem Mineralstoff- und Kalkpulver.

Zur Abwechslung durchgedrehten grünen Pansen vom Rind

und anstelle der Möhren ebenso fein gemuste Äpfel oder anderes Obst/Gemüse.

Geringe Mengen einer Kräutermischung zur Kräftigung werden jeder Futterportion beigesetzt:

Kalmuswurzel, Bockshornkleesamen und Brennesselwurzel, alles getrocknet und zu Pulver gemahlen, pro Mahlzeit ½ Teelöffel voll. Zusätzlich Trockenhefe und etwas hochwertiges Pflanzenöl (nicht raffiniert).

Außerdem soll für zunächst 2 Wochen folgende Bach-Blütenkombination innerlich verabreicht werden, 3mal täglich 5 Tropfen:

Walnut, Star of Bethlehem, Gorse und *Mimulus.*

Nach 2 Wochen möchte der Tierheilpraktiker den Hund wiedersehen.

Als diese Zeit um ist, kann der junge Hund, der da schwanzwedelnd die Praxis betritt, mit der Jammergestalt, die er vorher war, nicht mehr verglichen werden. Das Fell, zwar noch sehr kurz, hat einen schönen Glanz, die Augen schauen neugierig in die Welt, und der Ernährungszustand ist optimal. Mit dem Verhalten des Hündchens ist die Familie sehr zufrieden; es hat sich gut eingelebt, ist verspielt und vertrauensvoll. Die gräßlichen Erlebnisse, die es durchgemacht haben muß, scheint es gut überwunden zu haben.

Die beiden geschilderten Fälle zeigen typische Anwendungsgebiete für eine Bach-Blütentherapie auf.

Durch negative äußere Umstände leidet zunächst das Wesen eines Tieres, dann auch die körperliche Verfasssung. Die Bach-Blüten wirken harmonisierend und stabilisierend, ohne durch eine zu starke Einwirkung den Organismus zu überfordern, was unerwünschte Nebenwirkungen zur Folge haben könnte.

Bewährte Blütenkombinationen

Grundsätzlich sollte eine Therapie mit Bach-Blütenessenzen auf die individuellen Wesensmerkmale und Krankheitssymptome des betreffenden Tieres abgestimmt werden.

Einige ganz typische Symptome sprechen aber erfahrungsgemäß sehr gut auf bestimmte, vielfach erprobte Kombinationen an. Die Eingabe dieser Mischungen ist als erste Maßnahme anzusehen; nach kurzer Zeit (1 bis höchstens 3 Tage) wird sich dann herausstellen, ob das Tier mit Hilfe dieser Essenzen die Störung überwindet oder ob fachmännische Hilfe hinzuzuziehen ist.

Allergien, akute:

Notfalltropfen als Erste-Hilfe-Maßnahme und zur Verhinderung einer Ausbreitung des Schocks.

Beech gegen die unkontrollierten, übersteigerten Abwehrreaktionen, die auf Intoleranz zurückzuführen sind.

Crab Apple zur beschleunigten Ausscheidung der Schadstoffe, die während des »Kampfes« um Heilung im Organismus gebildet wurden.

Allergien, chronische:

Walnut, um den Körper aus der festgefahrenen Lage herauszuführen und neue Wege der Reaktion möglich zu machen.

Crab Apple wiederum zur Ausscheidung der giftig wirkenden Abfallstoffe.

Star of Bethlehem zur Auflösung des Schocks, der einmal Ursache für die Entstehung der Überreaktion war.

Angst:
Mimulus gegen die Ängste, die sich auf bestimmte Situationen, Gegenstände oder Personen richten.
Aspen gegen die tiefgehende grundsätzliche Angst und Unsicherheit.
Gentian zur Stärkung des Selbstvertrauens und des Willens, die Ängste zu überwinden.

Ekzeme:
Crab Apple für die Ausscheidung der giftigen Stoffe, die sich mit Sicherheit im Organismus angesammelt haben.
Wild Rose, um der belasteten Haut einen Anstoß zu geben, die Heilreaktion einzuleiten.
Walnut, um eine neue Art der Reaktion zu ermöglichen.
Olive zur Unterstützung der Heilkräfte.

Entwicklungsstörungen, jugendliche:
Chestnut Bud für die Weiterentwicklung.
Gentian zur Stärkung des Willens.
Heather, damit die Störung nicht als Mittel eingesetzt wird, Zuneigung zu erzwingen.
Honeysuckle zur Überwindung der Sehnsucht nach der sorgenfreien Babyzeit.

Genesungszeit nach überstandenen Krankheiten:
Olive; Zuführung von Kraft und Freisetzung eigener Heilenergien.
Crab Apple zur beschleunigten Ausscheidung aller Schad- und Schlackenstoffe, die während der Krankheit entstanden sind.
White Chestnut, um zu verhindern, daß eine Krankheit chronisch wird und zur endgültigen Ausheilung.

Heimweh:
Walnut, damit die neue Umgebung akzeptiert wird.
Honeysuckle zur Überwindung der Trauer um Vergangenes.

Cherry Plum, falls Panikreaktionen auftreten.

Infektionskrankheiten:
Notfalltropfen zur Unterstützung der Heilreaktionen.
Crab Apple hilft, die Krankheitserreger unschädlich zu machen.
Centaury zur Stärkung der Widerstandskraft.
Hornbeam für Zuführung von Frische, Optimismus und Kraft.

Krebs:
Agrimony für die Vitalität, die blockiert ist und sich in planloser Wucherung Bahn bricht.
Wild Oat, damit das wuchernde Gewebe wieder zu seiner ursprünglichen Aufgabe und Struktur zurückfindet.
Hornbeam sorgt für Optimismus und das Akzeptieren der Lebensumstände.
Clematis gegen die Gleichgültigkeit, was mit dem Körper geschieht.

Nervosität:
Impatiens zur Harmonisierung.
Scleranthus gegen den Streß, der Unentschiedenheit bewirkt.
White Chestnut bei zwanghafter Tendenz.

Schmerzen:
Notfalltropfen zur sofortigen Einleitung der Heilreaktion.
Holly gegen die aggressiven Tendenzen, die sich hinter heftigem Schmerz verbergen.

Schwangerschaft:
Walnut zur Einleitung der neuen Situation, in der sich der Körper befindet.
Wild Oat, damit das Muttertier sich freudig auf seine neue Rolle vorbereiten kann.
Crab Apple zur Entlastung von Leber und Nieren, die ja

auch die Ausscheidungen der Ungeborenen zu verarbeiten haben.
Mimulus für Optimismus und gute Laune.

Stubenunsauberkeit:
Beech, falls Protesthaltung zugrunde liegt.
Holly gegen die aggressiven Tendenzen.
Heather gegen den übertriebenen Drang nach Beachtung.
Scleranthus als Konzentrationshilfe.

Verdacht auf Vergiftung:
Notfalltropfen zur Stärkung des Lebenswillens und zur sofortigen Einleitung von Heilreaktionen.
Crab Apple, damit die Giftstoffe so schnell wie möglich ausgeschieden werden können.
Gentian für den Durchhaltewillen.
Sweet Chestnut gegen die Tendenz, die Vergiftung als hoffnungslos anzusehen und zu resignieren.

Blütenessenzen selbst herstellen

Viele Bach-Blüten-Spezialisten sind der Ansicht, daß die fertig gekauften Blütenessenzen die stärkste Heilkraft aufweisen, weil sie von Pflanzen aus dem Gebiet gewonnen werden, wo Dr. Bach sein Heilsystem entwickelte, und weil die Hersteller dort die Erfahrung haben und die nötige Sorgfalt beim Gewinnen der Essenzen anwenden.

Auf der anderen Seite stehen aber die Originaltexte von Dr. Bach zu seiner Methode, aus denen hervorgeht, daß sein Ziel darin bestand, den Menschen ihre *Eigenverantwortlichkeit* für Gesundheit und Wohlbefinden bewußt zu machen. Eigenverantwortlichkeit bedeutet aber auch, in einem möglichst hohen Maß selbständig und unabhängig von Institutionen wie Krankenkassen, von Personen wie Ärzten und von käuflichen Mitteln zu werden, soweit es eben zu verantworten ist.

Mit dem Vorbehalt, daß die von Ihnen selbst hergestellten Blütenessenzen vielleicht nicht so zuverlässig wirksam sein könnten − besonders bei den ersten Versuchen −, aber auch mit dem Vertrauen, daß Sie das nötige Feingefühl für die Herstellung entwickeln werden, beschreibe ich Ihnen hier, wie die Essenzen hergestellt werden sollen.

Ihre größte Schwierigkeit wird vermutlich darin bestehen, absolut gesunde Pflanzen in einer unbeeinträchtigten Landschaft zu finden, denn nur von solchen können wir Heilkräfte erwarten. Und finden wir eine Gegend, die tatsächlich vollkommen intakt zu sein scheint, die auf uns einen wohltuenden, gesunden Eindruck macht, dann müssen wir uns die Frage stellen, ob wir es verantworten können, dort einzugreifen, auch wenn es sich nur um minimale Schädigungen der Pflanzen handelt.

Zur Vorbereitung auf das Herstellen der Blütenessenzen gehört die eingehende Beschäftigung mit den Pflanzen, aus denen sie gewonnen werden. Sie müssen die genaue Art klar gegen verwandte Pflanzen abgrenzen können, was beispielsweise bei den vielen Weidenarten (Willow, *Salix vitellina*) gar nicht so einfach ist.

Jede Pflanze hat eine eigene »Optimalzeit«, zu der die Blüten gesammelt werden müssen. Auch dieses Wissen muß man sich erst aneignen. Wenn die Pflanze in voller Blüte steht, also auf dem Höhepunkt der Blühzeit, ist der richtige Moment zum Sammeln gekommen. Weiterhin müssen Sie beurteilen können, ob die Sonne schon genügend Kraft hat. Die sehr frühblühenden Bäume fallen daher nicht darunter. Am späten Vormittag pflücken Sie also die Blüten einer ausgewählten Pflanze. Sie berühren die Blüte nicht mit den Fingern, sondern pflücken vorher ein grünes Blatt dieser oder einer anderen Pflanze und benutzen es als Pflückwerkzeug. Sie müssen bei sich haben: eine Flasche mit gutem, frischem Quellwasser und eine saubere Glasschüssel, besser noch eine Kristallschüssel, außerdem mehrere farbige, fest verschließbare Glasfläschchen.

Bevor Sie mit dem Sammeln beginnen, stellen Sie die Kristallschüssel in die pralle Sonne (Sie können also nur an Tagen sammeln, an denen es warm, klar und sonnig ist) und gießen das Quellwasser hinein. Die mit dem Blatt gepflückten Blüten lassen Sie aus dem Blatt auf die Wasseroberfläche in die Schüssel gleiten. Sie pflücken so viele Blüten, daß die Oberfläche bedeckt ist.

Nun kann die Sonne die weitere Arbeit übernehmen. Wenn sie nach mehreren Stunden an Kraft verliert, schöpfen Sie, wiederum mit Hilfe eines grünen Blatts, die Blüten ab und füllen das Wasser aus der Schüssel in die mitgebrachten Fläschchen um, jedes Fläschchen wird nur bis zur Hälfte gefüllt und zu Hause mit einem mindestens 40 %igen Alkohol aufgefüllt (Dr. Bach verwendete guten Brandy). Die so hergestellte konzentrierte Essenz ist fast unbegrenzt haltbar. Die »stock bottles« sollten allerdings dunkel und kühl aufbewahrt werden.

Die Baumblüten, außerdem die Blüten des Ackersenfs (Mustard), des Geißblatts (Honeysuckle), der Wildrose (Wild Rose) und des Milchsterns (Star of Bethlehem) unterscheiden sich in einem Punkt bei der Herstellung der Essenzen vom oben beschriebenen Verfahren. Die ganz frisch gepflückten Blüten werden schnellstmöglich nach Hause transportiert und dort auf die Oberfläche von Quellwasser gelegt, das sich in einem Topf (am besten einer ganz sauberen, feuerfesten Glasschüssel) befindet. Die Flüssigkeit wird 1 Stunde lang sanft gekocht. Optimal wäre natürlich ein Holzfeuer. Ansonsten gelten dieselben Regeln wie bei der »Sonnenmethode«.

Auf diese Weise sind die 4 Elemente der Natur in dem Heilmittel enthalten: Luft und Erde haben bei der Schaffung der Blüte geholfen, Wasser und Feuer bei der Herstellung der Essenz.

Diese Regeln sind wichtig, denn sie haben ihren Sinn, außerdem bilden die Blütenessenzen nach Dr. Bach ein geschlossenes Heilsystem.

Aber das Leben besteht auch aus spontanen Einfällen, Intuition, Improvisation, Versuchen und Erfahrungen. Daher hindert Sie nichts, wenn Sie Versuche mit den Blüten anderer Pflanzen anstellen möchten. Auch die Herstellungsweise können Sie variieren. Die hergestellten Essenzen können Sie zunächst an sich selbst ausprobieren, denn ihre Wirkung kann auf ganz anderen Gebieten auftreten, als ihre eventuelle Verwendung in der Heilpflanzenkunde vermuten lassen würde. Sie sollten allerdings nur Pflanzen verwenden, von denen Sie mit absoluter Sicherheit wissen, daß sie nicht giftig sind. Sie müssen sich also ein wirklich fundiertes Pflanzenwissen aneignen.

Wenn Sie einen Eindruck von der Wirkungsart Ihrer neuen Blütenessenz haben, können Sie sie auch bei Ihrem Haustier anwenden, wenn Sie der Meinung sind, daß es dem Tier in dieser oder jener Beziehung helfen könnte. Sie müssen jedoch auf jeden Fall beachten, daß Sie durch solche Versuche *auf keinen Fall* eine vielleicht erforderliche tierärztliche Hilfe verzögern.

Mit der Zeit werden Sie ein Empfinden für diese subtile Heilweise entwickeln. Wenn Sie draußen unterwegs sind, spricht Sie vielleicht die eine oder andere Pflanze besonders stark an, Sie lesen über sie nach und sind ganz fasziniert von ihr. Es spricht nichts dagegen, wenn Sie sich aus dieser Pflanze eine Essenz bereiten — vielleicht brauchen Sie sie?

Schlußwort

Liebe Leser,
die Bach-Blütentherapie ist in ihren Möglichkeiten für Tiere noch längst nicht genügend erforscht.
Daher würde es mich sehr freuen, wenn Sie mir über Ihre Erfahrungen mit den Bach-Blüten bei Ihren Tieren schreiben würden. Auch Ihre eigenen Versuche mit anderen Blütenessenzen interessieren mich sehr.
Wenn Sie Fragen oder Probleme haben, können Sie sich gern an mich wenden.
Über den Verlag können Sie Kontakt zu mir aufnehmen.

Ich wünsche Ihnen und Ihren Tieren ein Leben in Gesundheit und Wohlbefinden.
Ihre
Anne Lindenberg

Quellennachweis

Götz Blome: »Mit Blumen heilen«, Verlag Hermann Bauer
R. H. u. S. H. Pitcairn: »Dein Hund − Gesund auf natürli-
che Weise«, Pietsch Verlag
Francis Hunter: »Homöopathie für Haustiere«, Wilhelm
Heyne Verlag

Bücher zum Thema

Bach, Dr. Edward: Blüten, die durch die Seele heilen. Hugendubel Verlag

Bohn, Dr. F. K.: Was Katzenfreunde wissen sollten. Schlütersche Verlagsanstalt

Deimer, Petra: Papageien. Gräfe und Unzer Verlag

Dethlefsen: Krankheit als Weg. C. Bertelsmann Verlag

Drossard, Marga; Letschert, Ursula: Naturheilkunde für Kleintiere. ECON Taschenbuch Verlag

Fischer, Susanne: Medizin der Erde. Heinrich Hugendubel Verlag

Gosh, I.; Breßlein, W.: Naturheilkunde für Hunde. ECON Taschenbuch Verlag

Karmann, Gaby; Ost, Detlef: Naturheilkunde für Katzen. ECON Taschenbuch Verlag

Scheffer, Mechthild: Bach-Blütentherapie. Heinrich Hugendubel Verlag

Scheffer, Mechthild: Erfahrungen mit der Bach-Blütentherapie. Heinrich Hugendubel Verlag

Sieber, Ilse; Aldington, Eric H. W.: Hundezucht naturgemäß. Verlag Gollwitzer Weiden

Trumler, Eberhard: Ratgeber für den Hundefreund, Piper Verlag*

Vlamis, Gregory: Die heilenden Energien der Bach-Blüten. Aquamarin Verlag

Wolff, H. G.: Unsere Katze − Gesund durch Homöopathie. J. Sonntag Verlagsbuchhandlung

* und alle anderen Bücher von Eberhard Trumler

Wolff, H. G.: Unsere Hunde – Gesund durch Homöopathie.
J. Sonntag Verlagsbuchhandlung

Bezugsadressen

Hier folgen Bezugsadressen für Bach-Blütenessenzen, über die Ihre Apotheke die Original-Stock-Bottles bestellen kann:

Dr. Edward Bach Centre
Mount Vernon, Sotwell
Wallingford, Oxon. OX10 OPZ,
England

Janet und Walter Hugelshofer
Martinsweg 42
7880 Bad Säckingen
Tel. 0 77 61/5 76 98

Dr. Bach Centre
Eppendorfer Landstraße 32
2000 Hamburg 20

Sachregister

Reinhard Schiller
**Hildegard
Medizin Praxis**
TB 20445-9

Rezepte für ein gesundes Leben, Heilmittel im Einklang mit der Natur, Wahrung der ursprünglichen Lebenskraft, Ratschläge für die Selbstbehandlung: Dies ist die grundlegende Einführung in die Prinzipien der ganzheitlichen Medizin der hl. Hildegard von Bingen, deren Erkenntnisse helfen, Krankheiten vorzubeugen, und die Gesundheit und das Wohlbefinden fördern.

Reinhard Schiller
**Hildegard
Pflanzenapotheke**
TB 20444-0

In Worten und Bildern vermittelt die Hildegard Pflanzenapotheke alles über Heilpflanzen, deren Anwendung bei Erkrankungen sowie deren Anzucht und Aufbewahrung. Die Rezepte zur Herstellung von natürlichen Medikamenten aus den Heilpflanzen beruhen auf den Erkenntnissen Hildegards von Bingen, der Heiligen, Äbtissin und Visionärin (1098–1179). Ihr besonderes Wissen ist zusätzlich in Originalzitaten zu den einzelnen Pflanzen nachzulesen und gibt wertvolle Anregungen für die Selbstbehandlung und ein gesundes Leben.

Ellen Breindl
**Das große
Gesundheitsbuch der Hl.
Hildegard von Bingen**
TB 20460-2

Über 800 Jahre sind seit dem Wirken der Hildegard von Bingen vergangen – und doch sind ihre Anleitungen zur Naturheilkunde von bestechender Aktualität. Dieses außergewöhnliche Gesundheitsbuch bietet praktische Ratschläge zur Verwendung von Heilkräutern bei Beschwerden jeder Art.

ECON TASCHENBÜCHER

ECON

ECON RATGEBER

Ferry Hirschmann
Heilende Blüten
Neue Erkenntnisse über
Bach-Blütentherapie
TB 20488-2

Nicht nur die Krankheit,
sondern auch der Kranke
muß behandelt werden –
und zwar individuell! In
diesem Buch werden die
38 heilenden Bach-Blüten
vorgestellt; es gibt Tips
zur Herstellung und An-
wendung der Blüten-
Essenzen und erklärt die
Kombinationsmöglichkei-
ten mit anderen
homöopathischen
Präparaten.

Julia Lawless
**Die kleine Aroma-
Apotheke**
TB 20520-X

Ein kleines Brevier der
Aromatherapie: Für
Anfänger wie für Lieb-
haber gibt Julia Lawless
eine kleine Einführung
und stellt dann die häus-
liche Verwendung von
ätherischen Ölen vor.
Man kann sie als Heil-
mittel bei kleineren
Verletzungen und Krank-
heiten anwenden, aber
auch als Pflegemittel in
Shampoos und Lotionen.

Christine Wagener-Thiele
Natürliche MS-Therapien
Sanfte und wirksame
Behandlung von Multipler
Sklerose
TB 20513-7

Multiple Sklerose ist eine
Krankheit, die immer noch
als unheilbar gilt.
Die Autorin beschreibt die
alternativen Behand-
lungsmethoden und die
Möglichkeiten, die sie
nutzte, um mit MS wie
eine gesunde Person
leben zu können. Ein un-
verzichtbarer Ratgeber
für alle MS-Kranken, ihre
Familienangehörigen und
Freunde.

R 002

ECON TASCHENBÜCHER

ECON

Helga Dürselen
Heilfasten
Entschlackung und
Entgiftung nach der
Buchinger-Methode
TB 20191-3

Heilfasten ist nicht nur
eine Methode, um über-
flüssige Pfunde zu verlier-
en. Richtig durchgeführt,
bedeutet es Heilung für
Leib und Seele.

Aus dem Inhalt:
● Erfahrungsberichte
● Methoden des
  Heilfastens
● Ernährung nach dem
  Fasten
● Heilfasten in der Klinik
  und zu Hause
● Originalrezepte aus der
  Buchinger-Klinik in Bad
  Pyrmont

Leon Chaitow
Wassertherapie zu Hause
Kur-Anwendungen für
Gesundheit und
Schönheit
TB 20507-2

Normalerweise muß man
für eine Wassertherapie
teure Kurorte besuchen.
Chaitow erklärt, wie man
zu Hause leicht anwend-
bare Heimkuren durch-
führen kann, die den
Körper sowohl entgiften
als auch verschönern.
Bäder und Aromaöle
bringen wieder ins
Gleichgewicht, pflegen
die Haut, heilen und
lindern viele
Beschwerden.

Joachim Breschke
**Gesundheit aus
heimischen Pflanzen**
TB 20500-5

Ungeahnte Heilkräfte
finden sich in vielen
heimischen Zierstauden
und Kräutern, Obst- und
Gemüsesorten. Immer
mehr Menschen nutzen
diese natürlichen Heil-
mittel zur Steigerung ihres
Wohlbefindens. Joachim
Breschke zeigt, welche
Kräfte in den Pflanzen unserer unmittelbaren Um-
gebung schlummern und
wie diese richtig zu-
bereitet werden können.

ECON TASCHENBÜCHER

ECON

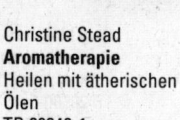

Christine Stead
Aromatherapie
Heilen mit ätherischen
Ölen
TB 20340-1

Die Aromatherapie ist
eine Heilkunst, die
ätherische Öle von
verschiedenen Pflanzen
einsetzt, um die Ge-
sundheit des Körpers und
der Seele zu fördern. Die
Autorin erläutert die
Eigenschaften und Ein-
satzmöglichkeiten von
ätherischen Ölen, gibt
Ratschläge für Massagen
und schlägt verschiedene
Ölmischungen für häufig
vorkommende Beschwer-
den vor.

Christine Stead
**Heilende Blüten für
Frauen**
TB 20521-8

Natürlich ist die Blüten-
therapie nicht nur für
Frauen geeignet. Doch in
diesem Buch geht es
ausschließlich um Krank-
heiten und die Bedürf-
nisse von Frauen. So
erläutert Christine Stead
ausführlich den Gebrauch
der Blütenessenzen bei
Menstruationsbeschwer-
den, in der Schwanger-
schaft, in den Wechsel-
jahren, aber auch bei
typisch weiblichen
Alltagsbeschwerden.

Hanna Schuster
Biokosmetik
Geheimtips und
Rezepturen
TB 20498-X

Seit über 40 Jahren sam-
melt Hanna Schuster
Erfahrungen im Bereich
Naturkosmetik – selbst
Filmstars und Prominente
wie Jil Sander schwören
auf ihre Produkte. In
diesem Buch bietet die
Autorin einen kompletten
Leifaden zur kosme-
tischen Selbstbehandlung
– hochwertige Cremes
und Lotionen können
nach Rezept problemlos
hergestellt werden.